Stephane Hessel

Stéphane Hessel : AN DIE EMPÖRTEN DIESER ERDE!
Vom Protest Zum Handeln
Edited by Roland Merk

분노한 사람들에게
–공감하라! 행동하라! 세상을 바꿔라!

초판 1쇄 발행 2012년 10월 30일

지은이 스테판 에셀
옮긴이 유영미
펴낸이 고영은 박미숙

상무 김완중 | 편집이사 인영아 | 기획편집 박경수
청소년팀 이준희 김현정 | 세모길팀 김영은 홍신혜 | 콘텐츠기획팀 이진규
어린이팀 이경화 이슬아 여은영 | 디자인실 김세라 오경화
마케팅팀 이학수 오상욱 진영수 김은숙 | 총무팀 김용만 고은정

펴낸곳 뜨인돌출판(주)
출판등록 1994.10.11(제313-2011-185호)
주소 121-840 서울시 마포구 서교동 396-46
홈페이지 www.ddstone.com | 노빈손 홈페이지 www.nobinson.com
블로그 blog.naver.com/ddstone1994
대표전화 02-337-5252 팩스 02-337-5868

ISBN 978-89-5807-401-4 03340
(CIP제어번호 : CIP2012004903)

공감하라!
행동하라!
세상을 바꿔라!

분노한 사람들에게

AN DIE EMPÖRTEN DIESER ERDE!
Vom Protest zum Handeln

스테판 에셀 지음 | 유영미 옮김

뜨인돌

| 일러두기 |

1 별도의 표시가 없는 주석은 모두 원주이며, 역주 및 편집자 주는 따로 표시하였습니다.
2 외국어 고유명사는 외국어표기법을 따랐습니다. 단, 널리 알려진 이름이나 한글 표기가 모호한 이름은 국내 언론매체의 표기를 참조했습니다.
3 한국어판 서문은 스테판 에셀과 롤란트 메르크 공동명의로 전달되었습니다.
4 외국 책의 제목은 한글과 외국어를 병기했습니다. 단, 국내에서 번역된 책은 한국어판 제목을, 그렇지 않은 책은 원서 제목을 앞에 적었습니다.

한국어판 서문

아직은 악(惡)과 고통의 시대 공감과 참여로 세상을 바꾸십시오!

한국 독자들에게 짧게나마 인사말을 전할 수 있게 되어 기쁩니다. 우리의 새 책에 대한 한국 독자들의 관심은 이미 전 세계적인 대화가 시작되었음을 보여주고 있습니다. 그렇지 않고서는 현재 인류를 좌지우지하는 문제들에 대한 세계인들과 한국인들의 공통된 관심을 설명할 수 없을 것입니다.

바야흐로 공동의 지평이 열리고 있는 것입니다!

그러나 우리에게 주어진 평화적 수단을 통해 성공적인 글로벌 사회로 나아가려면 아직 할 일이 많습니다. 지금 우리를 묶어 주는 것은 인권의 보편적 실현, 민주적 참여, 모두를 위한 복지의 원칙에 부합하는 전 지구적 평화라기보다는 악(惡)과 고통이기 때문입니다. 그러므로 빈곤과 정치적 불의가 증가하는 한, 분노하고 참여하는 것이 옳습니다.

참되고 평화로운 글로벌 사회의 진정한 시민이 되기 위해서는 또한 책임과 공감이 필요합니다! 바로 이것이 우리의 새 책 『분노한 사람들에게; 공감하라! 행동하라! 세상을 바꿔라!』의 메시지입니다.

우리들 모두는 우리의 지구가 오직 하나뿐이라는 사실을 알고 있습니다. 그러므로 지구를 가혹하게 착취하는 대신, 이 행성과 이곳의 주민들을 보살펴야 합니다. 더 이상 잃어버릴 시간이 없습니다. 하나 되어 함께 글로벌 사회로 나아가야 합니다!

시대의 흐름을 막을 수는 없습니다. 그것은 누구도 막을 수 없는 거대한 흐름입니다. 장벽들은 세우는 곳마다 다시금 허물어질 것입니다. 민주주의, 참여, 인권, 사회복지는 온 인류의 공통된 요구입니다. 그것을 존중하지 않는 자는 분노에 직면할 것입니다.

모든 지구민들은 자신의 행동을 책임져야 합니다. 가정에서, 일터에서, 여가 활동에서, 그리고 한 사람 한 사람의 선택이 미래를 좌우하는 투표에서 말입니다. 프랑스에서든 스위스에서든 한국에서든 마찬가지입니다. 그래서 참여가 필요한 것입니다. 인간은 타인과 자연에 대한 공감으로 이기심을 초월할 수 있습니다.

친애하는 한국의 독자 여러분!

이 책에서 언급한 많은 문제들은 우리가 함께, 하나 되어 해결할 수밖에 없는 것들입니다.

시간이 촉박합니다. 그러나 용기 있고 확신에 찬 사람들에겐 돌파

구가 있습니다.

이 자리를 빌려 편집자 롤란트 메르크의 시 한 구절을 한국 독자들에게 선사하며 인사를 마치고자 합니다.

"무엇으로 시작할지 알지 못하는 사람들만이
마지막을 두려워한다네!"

그렇습니다. 분노와 책임과 공감이 필요합니다.
한국 독자들이 이 책을 통해 힘을 얻기 바랍니다!

스테판 에셀

롤란트 메르크

여는 글

공감 가득한 반항아

그때 일이 생생하다. 나는 취리히 중앙역 로비에 서서 스테판 에셀이 도착하기를 기다리고 있었다. 벽에 설치된 커다란 뉴스 전광판의 광고 영상이 무한한 진보를 과시했고, 중간 중간 현란한 네온사인 글씨로 어두운 현실이 모습을 드러냈다.

"채무위기의 마지막 보호벽"

"유럽의 트로이카, 신뢰를 보여주다."

"그리스 탈퇴 임박"

"1조 유로 구제금융"

"스페인 청년실업률 역대 최대"

"신용평가사, AAA 박탈로 위협"

"월가 점령시위 진압!"

비참한 현실에 대항하여 '분노'하고 나선 전 세계 젊은이들의 영상이 어지러운 시대임을 실감케 했다.

2011년의 아름다운 가을날이었다. 테제베(TGV)가 밝은 햇살을 등지고 들어왔다. 기차는 뭔가 혁명적인 기운을 싣고 왔다. 파리에서 온 귀한 손님, 천부적인 연설가!

군중 속에서 스테판 에셀의 환한 얼굴이 보였다. 우리는 반갑게 인사를 나누었고, 에셀은 대신 끌어 준다고 해도 손을 내저어 마다한 채 조심스레 자신의 검은 트렁크를 끌며 걸었다.

"Ordre du jour? Wie sieht der Ablauf des Tages aus? (일정이 어떻게 되죠?)"

에셀의 성급한 질문. 그러나 특유의 따뜻한 음성이 그 질문마저 매력적으로 들리게 했다. 에셀은 프랑스어와 독일어를 자유롭게 섞어 썼다.

스테판 에셀은 의욕이 충만했다. "첫 스케줄이 뭐죠? 오후에 무엇을 하게 되죠? 연설은 저녁 몇 시지요? 브뤼셀 회담[1] 결과는 들으셨나요?"

나는 에셀과 그의 부인이 기차 여행의 피로 때문에 곧장 호텔로 가서 쉬고 싶어 할 거라고 예상했다. 그러나 예상은 빗나갔다. 나는 부

1 2011년 10월 26일 벨기에 브뤼셀에서 열린 EU 정상회담. 유럽 재정위기 해결책과 관련하여 국제적 관심이 집중되었으나 뚜렷한 성과는 내지 못했다. (편집자 주)

부에게 취리히를 구경시켜 주며, 그날 아침에 채무위기를 해결하기 위해 브뤼셀에서 결의된 내용들을 알려주었다. 이어 에셀은 취리히에서 있었던 파라데플라츠 점령시위[2]는 어떻게 되었느냐고 물었다. 94세나 된 노인이 세계의 일을 이렇게 속속들이 파악하고 있다는 게 너무나 놀라웠다.

취리히 시내 구경을 마치고 나는 스테판 에셀과 부인을 생 고타르 호텔로 안내했다. 생 고타르 호텔은 취리히의 유명한 거리인 반호프가에 위치한다. 그곳의 즐비한 은행 건물들에는 이 세계의 자본들이 깊숙이 보관되어 있다.

스테판 에셀과 나는 구면이었다. 나는 '러셀 트리뷰널 온 팔레스타인(Russell-Tribunal on Palestine)'과 관련된 일로 브뤼셀과 바르셀로나에서 그를 만난 적이 있었다. 당시 사람을 편안하게 해주는 그의 열린 태도에 무척 좋은 인상을 받았었는데, 여기 취리히에서 그것을 다시 한 번 확인했다. 스테판 에셀은 열린 마음과 진정어린 관심으로 사람을 대한다. 인간 대 인간으로 사람들에게 말을 걸고, 그렇게 사람들의 반응을 이끌어낸다.

아니나 다를까, 호텔에 도착한 지 채 5분도 되지 않아, 여행 서류도 넘겨주지 않은 상태에서 스테판 에셀은 리셉션 직원들과 다정하고 활기찬 대화를 나누었다. 잠시 후 한 여직원이 내일 아침 그가 일찌감치 호텔을 나설 수 있도록 평소보다 한 시간 먼저 근무를 시작하여 아침식사를 준비하겠노라고 흔쾌히 약속해 주었다. 그녀는 구겨진 베이지색 외투를 입은 노신사가 인간의 존엄성이 점점 위태로워지는 현실에 대해 분노하라고 전 세계 사람들을 촉구하는 유명한 연설가라는 걸 나중에야 알았다.

스테판 에셀은 사람들의 마음을 여는 열쇠를 가진 것 같다. 그렇지 않다면 30쪽밖에 되지 않는 작은 책으로 전 세계 독자들을 사로잡은 것을 어떻게 설명할 수 있을까? 에셀의 확신에 찬 말과 태도는 시대정신을 건드리고 개개인의 필요와 만난다. 의기소침한 사람들과 냉소적인 사람들에게 에셀은 용기를 낸다면 불가능한 것이 가능해진다는 걸 보여준다.

한 시대의—그가 살아온 시기는 20세기를 포괄하다시피 한다—반항아인 스테판 에셀은 말년에 우리의 손을 잡고 21세기로 가는 길을 가르쳐 주고 있다. 프랑스의 레지스탕스 대원으로 활동했고, 부헨발트[3]에서 기적처럼 생존했으며, 세계인권선언 작성에 참여했던 에셀은 신뢰, 힘, 용기, 사랑, 공감, 형제애, 단결이 공허한 단어들이 아니라 현시대의 다양한 위기 속에서 힘써 지켜야 하는 삶의 소중한 가치들임을 자신의 역사적 경험을 통해 보여준다.

에셀이 취리히에 와서 연설을 한 날은 2011년 10월 27일이었다. 그

2 취리히의 금융 중심가 파라데플라츠에서 열린 시위. 2011년 9월 미국 월가에서 시작된 점령시위는 이후 80여 개국 1,500개 도시로 퍼져 나갔으며 'Occupy(점령하라)'는 금융자본의 탐욕에 저항하는 전 세계 시위대의 구호가 되었다. 이에 대해서는 『촘스키, 점령하라 시위를 말하다』(노엄 촘스키. 수이북스. 2012)와 『점령하라』(우석훈, 슬라보예 지젝. RHK. 2012) 참조. (편집자 주)

3 1937년에 나치가 독일 바이마르 교외에 세운 강제수용소. 잔혹한 생체실험으로 악명이 높았으며 6만여 유대인, 집시, 정치범 등이 이곳에서 목숨을 잃었다. '부헨발트(buchenwald)'는 '너도밤나무 숲'이라는 뜻. (편집자 주)

뒤 나는 여러 차례 파리로 에셀을 방문했고 그의 집에서 대화를 나누었다.

스테판 에셀은 훌륭한 대담 파트너였다. 여러 번에 걸친 대담에서 에셀은 우리가 지난번에 어디까지 이야기를 했는지 늘 세세하게 기억했다가 이야기를 재개했고, 그리하여 우리의 대담은 중간에 전혀 끊어지지 않았던 것처럼 자연스럽게 연결되었다. 우리는 처음엔 프랑스어로 이야기를 했지만 나중엔 에셀의 요청에 따라 독일어로 바꾸었다. 독일어로 진행한 취리히 연설과 마찬가지로 이 책『분노한 사람들에게 ; 공감하라! 행동하라! 세상을 바꿔라!』는 그의 어릴 적 언어인 독일어로 출판될 예정이었기 때문이다.

나는 에셀이 그의 저서『분노하라(Indignez-vous!)』와『참여하라(Engagez-vous!)』에서 밝힌 생각들을 구체적인 현실 속에서 어떻게 적용시키려 하는지 알고 싶었다. '공감'이란 무엇인가? '상호 의존'이란 무엇인가? 아랍의 봄을 어떻게 이해해야 하는가? 우리 시대의 새로움은 무엇인가? 어떤 위험과 도전이 우리 앞에 놓여 있는가? 그의 확신은 어떤 배경에서 나온 것인가?

스테판 에셀은 아주 끈기 있고 집중력 있게 자신의 생각을 설파한다. 그의 생각은 최근 부상하는 '글로벌 사회'의 문제들에 대한 완결되고 짜임새 있는 답변이다.

에셀의 독일어엔 프랑스어 억양이 섞여 있고 간혹 베를린 방언도 튀어나온다. 에셀의 독일어를 듣고 있으면, 그가 나치 정권 때 혹독한 고생을 했음에도 불구하고 여전히 독일어를 사랑하고 있다는 게 느껴진다. 횔덜린, 괴테, 하이네, 헤겔, 칸트를 비롯한 시인과 사상가들의 언어…….

에셀에게 대화란 마틴 부버 혹은 에마뉘엘 레비나스와 마찬가지로 단지 내용을 설파하는 수단이 아니다. 상대방과의 대화는 에셀에게 아주 본질적인 일이며, 자기 자신을 뛰어넘어 모든 것 안에 깃든 대화 원칙을 실현하는 형식이다. 에셀에게 말은 내용일 뿐 아니라 형식이며, 그의 말에 담긴 내용은 확신에 차 있고, 따뜻하며 신뢰감을 주는 그의 목소리로 들을 때 비로소 완전히 이해가 된다. 에셀은 글뿐 아니라 살아 있는 말과 자유로운 사고의 교환으로 사람들을 만나는 우리 시대의 소크라테스다.

에셀과 더불어 인류가 처한 이런저런 위기에 대해 이야기하다 보니 다시금 머릿속에서 어두운 현실들이 어지럽게 난무했다. 채무위기, 실업, 긴축정책, 위기, 뉴딜, 주식시장 붕괴, 월가 점령시위, 팔레스타인, 나크바[4], 기상 재해, 전쟁, 기아, 신자유주의…….

이런 밀물 같은 문제들 앞에서 스테판 에셀은 조심스레 '사고의 개혁', '단합', '대화', '인간 존엄성', '상호 의존', '공감', '인간성의 변화', '사회복지', '글로벌 사회' 같은 말들을 내놓는다. '권리'라는 개념은 역사철학적 라이트모티프[5]라도 되는 듯 에셀의 모든 논지를 가로지

4 1948년 5월 이스라엘 건국과 제1차 중동전쟁으로 인해 강제 추방당한 수많은 팔레스타인 난민들의 비극을 일컫는 말. '나크바(nakba)'는 아랍어로 '재앙'이며, 이스라엘 건국일인 5월 14일을 팔레스타인에선 '알 나크바(Al Nakba, 대재앙의 날)'라 부른다. (편집자 주)

5 Leitmotiv. 악극에서 주제 전달을 위해 반복적으로 연주되는 악구. (편집자 주)

른다. 때로는 난감하고 때로는 절망스러운 복잡한 상황 앞에서 에셀은 냉철한 이성을 잃지 않는다. 권리라는 개념 아래 똘똘 뭉쳐 역사적으로 전진해야 한다. 뒷걸음치는 자는 불의와 야만을 대가로 치러야 할 것이다.

이 시대의 정점에서 의식 있게 살기! 그것이 스테판 에셀의 요구다. 그 말은 또한 글로벌 사회의 정점에서 의식 있게 살아야 한다는 뜻이다.

그렇다. 에셀은 분노와 참여를 호소한다. 하지만 무턱대고 행동하는 것이 아닌, 비폭력적이고 사려 깊은 행동을 옹호한다. 이것이 나치에 대항해 투쟁했던, 그리고 인류가 이미 이룬 것들 중 민주적 수단이 분노를 표현하는 가장 좋은 방법이라고 확신하는 이의 견해다. 그는 인류가 이룬 소중한 것들을 경멸하는 자들에 대항하여 그 가치들을 수호하고 확장해야 한다고 말한다.

스테판 에셀은 첫걸음을 내딛는다. 그는 첫 돌을 던지지 않는다. 글로벌 사회로 이행하는 문턱에서 에셀은 인류의 위대한 동기 부여자이자 격려자이다. 그의 방법은 간디의 비폭력으로부터 영향을 받았다. 우리는 스테판 에셀이라는 이름을 마틴 루터 킹, 바츨라프 하벨[6], 그가 최근에 만난 달라이 라마 등 다양한 인권운동가들의 이름과 결부지을 수 있다.

그는 뛰어난 외교관인 동시에 문학 애호가로서, 아주 다양해 보이는 것들을 한데 모을 줄 안다. 그에게 문학은 인간의 마음에 이르는 왕도이다. 문학은 철학과 정치, 이성과 오성이 실행해야 하는 것들을 제시한다. 문학은 철학의 반대가 아니라 철학이 깃들 수 있는 그릇이다. 강단 철학(Schulphilosophie)이 아니라 에셀이 높이 평가하는 임마누엘 칸트적 의미의 철학, '세계철학', 마음의 정점에 있는 철학 말이다. 그렇지 않다면 철학은 그저 공허하거나 따분해진다.

그러므로 "공감을 보이라, 더 많이 공감하라!"는 스테판 에셀의 호소는 낭만적인 요구가 아니다. 그는 사회가 가한 상처를 느낄 수 있게끔 하면서 장 자크 루소에서 칼 마르크스를 거쳐 아르투르 쇼펜하우어로 이어지는 전통을 잇는다. 부자와 빈자, 자본가와 노동자, 긴축 정책 집행자들과 그 희생자들, 제1세계[7]와 나머지 세계 사이의 냉랭하고 소외되고 존중이 무시되는 관계들. 에셀이 요구하는 공감은 이런 관계들에서 작용해야 하는 것이다.

발터 벤야민은 『파사주(Passagen-Werk)』[8]에서 "거지가 있는 한, 신화는 존재한다"라고 썼다. 그 말을 "거지가 있는 한, 유토피아는 존재한다"라고 고쳐 써 보면 어떨까! 그것은 벤야민뿐 아니라 그와 개인

6 Vaclav Havel(1939~2011). 체코의 반체제 작가로서 1989년의 정치적 변화를 이끌었으며 체코슬로바키아 마지막 대통령과 체코 공화국 초대 대통령을 역임했다. (편집자 주)

7 서방 선진국들을 일컫는 말. 1950년대 이후 냉전이 격화되면서 제1세계(반공 블럭), 제2세계(공산 블럭), 제3세계(비동맹 블럭)라는 구분이 일반화되었다. 사회주의권 붕괴 이후 이런 구분은 더 이상 현실적 의미가 없어졌지만 제1세계라는 표현은 지금도 미국과 서유럽 국가들을 묶어서 부를 때 종종 사용된다. (편집자 주)

8 '아우라(Aura)' 개념으로 유명한 독일 문예이론가 발터 벤야민(1892~1940)의 미완성 유작. 벤야민은 파리의 19세기 중반 회랑식 상가 파사주(passages)를 모티브로 하여 자본주의의 욕망과 허상을 분석하려 했으나 완성하지 못한 채 세상을 떠났다. '파사주'는 영어로 '아케이드(arcade)'이며, 한국에선 『아케이드 프로젝트』(새물결, 2005)라는 제목으로 완역된 바 있다. (편집자 주)

적 친분이 있었던 스테판 에셀의 모토이기도 하다. 분노한 시민이라고 에셀을 욕하는 사람들에게, '단순한 말'의 가치를 폄하하는 사람들에게 이렇게 말할지어다. 경험으로 충만한 복잡함은 단순함으로 회귀한다고. 상황이 복잡하다는 것은 아무것도 하지 않는 걸 용인해 주는 면죄부가 아니라고.

『분노하라』 이후에 이 땅의 분노한 사람들에게 주는 스테판 에셀의 새로운 메시지는 다음과 같다. "이 세상을 바꿔라! 공감을 가지고, 진정한 글로벌 사회의 시민이 되라. 삶을 변화시켜라! 무엇 때문에 분노하는가? 지금까지 삶을 변화시키지 않았기 때문이다."

더 나아질 수 있는 다른 길은 없다. 이것이 오늘날 우리 상황의 핵심이다. 이것이 강당 가득 청중을 동원할 수 있는 탁월한 연설가의 화두이다. 스테판 에셀은 그를 개인적으로 접하는 사람들에게 깊은 인상을 남긴다. 임마누엘 칸트도 간파했던 바, 열광은 진실과 진리의 시금석이다.

스테판 에셀은 그 자신의 표현을 빌자면 '지구나라(terre-patrie)', 즉 지구라는 새로운 고향의 진정한 세계시민으로 우리에게 다가온다. '지배 문화' 운운하는 것은 있을 수 없는 일이며, 떠오르는 글로벌 사회를 환영하기 위해 스스로 노예처럼 일해야 한다고 믿지 않는다.

2011년의 아름다운 가을날 에셀은 스위스-팔레스타인 협회와 하원의원 다니엘 비셔의 초청으로 취리히에 왔다. "이 땅의 분노한 사람들에게"라는 제목으로 연설을 하던 저녁, 홀은 맨 끝줄까지 꽉 들어찼다. 연설에 이어 그는 전 중동 특파원이자 스위스 텔레비전 방송

아나운서인 앙드레 마티와 인터뷰를 하고 청중들의 질문을 받았다. 시민들은 자신들의 미래에 대해, 미래를 어떻게 만들어 나가고 싶은지에 대해 생동감 있는 대화를 나눴고, 이 저녁 모든 참석자들은 홀에서 유토피아적인 한 인물을 경험할 수 있었다.

나중에 우리는 한갓진 마음으로 스테판 에셀 부부와 함께 저녁 식사를 하러 갔다. 나는 이번에도, 빡빡한 일정을 소화한 이 노인이 피곤해서 얼른 호텔로 돌아가 쉬고 싶어 하리라고 생각했다. 하지만 그것은 다시금 오산이었다. 스테판 에셀은 양 많은 스파게티를 아주 맛있게 먹었고 우리와 함께 와인도 한잔 마셨다. 94세의 이 젊은 청년에 비하면 우리는 얼마나 늙었는지! 자정이 되기 직전 에셀은 우리의 경각심을 불러일으키기 위해 프리드리히 횔덜린이 쓴 〈히페리온의 운명의 노래〉를 암송해 보인 다음 작별인사를 했다.

『분노한 사람들에게』. 스테판 에셀은 이 책에서 그의 생각이 급변하는 시대와 발맞춰 가고 있음을 다시 한 번 보여준다. 그는 시대의 위험 한복판에 우뚝 서서 풍요로운 생각들을 펼쳐 보인다. 이 책은 떠오르는 글로벌 사회를 위한 호소이다. 스테판 에셀은 이 책에서 새로운 지평을 열 해결책들을 모색한다. 그와 함께 전진하자!

2012년 6월 파리, 바젤, 콘트라에서
롤란트 메르크

히페리온의 운명의 노래 (1797)*

— 프리드리히 횔덜린

그대들은 부드러운 땅을 밟으며
저 위의 빛 속을 거닐고 있습니다. 축복스런 수호신들이여!
눈부신 천상의 숨결은
여류 예술가의 손가락이
거룩한 현을 건드리듯
살며시 그대들을 어루만집니다.

천상의 존재들은 운명도 아랑곳없이
잠든 젖먹이처럼 숨 쉬고 있습니다.
그들의 정신은
수줍은 꽃봉오리 속에
순결히 안겨 있다가
끊임없이 피어나고 있습니다.
그 축복스런 눈동자들은
고요의 영원한 빛 속에서
반짝거립니다.

그러나 우리네 인간에겐
안식을 누릴 곳, 그 어디에도 없고
다만 사라져 갈 뿐이거늘
고뇌하는 슬픈 인간들은
눈이 먼 채 시간의 나락으로
추락하고 있습니다.
절벽에서 절벽으로
내동댕이쳐진 폭포수처럼
마냥 불확실한 곳으로 떨어질 뿐입니다.

*『히페리온의 노래』(송용구 역, 고려대학교출판부, 2004) 중에서

신자유주의❶ 누가 이들을 분노케 했는가! (광화문, 2008) ⓒ 정택용

차 례

1

이 땅의 분노한 사람들에게 고함!

| 스테판 에셀의 취리히 연설 2011. 10. 27 |

마이크는 작지만 제 목소리가 잘 들렸으면 좋겠네요. 들리나요? 들려요? 저 뒤까지 다 들리나요?

좋습니다. 우선 제가 취리히에 와서 너무나 기쁘다는 점을 강조하고 싶습니다. 스위스가 다 그렇지만, 내가 보기에 특히 취리히는 이 세상에서 벌어지는 일들에 관심이 많은 도시인 것 같습니다. 작금의 파라데플라츠 점령시위가 다시금 그것을 보여줍니다. 이런 일들은 내가 근 1년 전부터 해온 노력에 부합하는 것들입니다.

1년하고 좀 더 되었을까요? 나는 프랑스 레지스탕스 친구들과 사보이에 모여 3천 명에 이르는 사람들에게 편지를 보냈었지요. 조심하라! 레지스탕스 시대, 곧 저항의 시대에 프랑스인들이 요구했던 기본가치가, 민주주의와 인권이라는 가치가, 금권에 대항하여 지켜 온 그 가치들이 위험에 처해 있다고…….

우리 레지스탕스 투사들은 2차대전 후반기부터 사회보장제도를 확립하기 위해 노력했습니다. 당시 당파를 가리지 않고 프랑스의 모든 레지스탕스가 이런 프로그램을 외쳤고 좌파, 중도파, 우파가 모두 힘을 합쳤습니다. 우리 모두는 한 목적을 위해 모였고, 전쟁이 끝나면 이런 가치들을 수호해야 한다고 외쳤습니다!

그러는 동안 전쟁이 끝났고 어마어마하게 중요한 것이 등장했습니다. 국제연합, 즉 유엔(UN)이었죠. 유엔은 2차대전의 아이였습니다. 유엔은 우리에게 괴로움을 안겨 주었던 것들과 정반대의 것을 표방했습니다. 우리는 프랑스 레지스탕스가 그랬듯, 유엔이 전 세계에 자신의 프로그램을 제시해 주기를 기대했지요. 그리고 유엔은 1948년에 그렇게 했습니다.

나는 파리에서 세계인권선언이 채택될 때 그 자리에 있었습니다. 1948년 12월 10일이었죠. 그리고 같은 해, 이스라엘은 유엔에 의해 국가로 인정받아 국제무대로 나왔습니다. 유엔이 없었다면 이스라엘이라는 나라는 결코 존재하지 않았을 것입니다. 유엔이 비로소 그 일을 가능하게 했지요. 2차대전에서 있을 수 있는 최악의 일, 홀로코스트를 겪어야 했던 불운한 유대인들이 이제는 나라를 가져야 했던 것입니다! 물론 우리는 그 일에 모두 '찬성'했습니다.

우리는 또한 유대인들의 나라가 2천 년 전 이스라엘과 예루살렘이 커다란 명성을 얻었던 곳에 수립되어야 한다는 데 이의가 없었습니다. 물론 그곳에는 이미 팔레스타인인들과 아랍인들이 살고 있었지만, 그들은 어떤 식으로든 그곳을 떠나야 했지요. 어떻게 되겠지……. 쉽지 않겠지만 해보자! 그리하여 이스라엘이라는 나라가 탄생했습니다.

당시 우리 모두는 "드디어 유대인들이 나라를 갖게 되는구나!" 하며 기뻐하고 흥분했습니다. 하지만 그로부터 20년 뒤, '6일 전쟁'[9]이 일어나 이스라엘이 승리하고 아랍이 막대한 피해를 입으면서 이스라엘은 식민지를 건설하는 나라가 되었습니다. 이스라엘은 팔레스타인을 점령하고 식민지화했습니다. 이런 행동은 국제법을 수호하는 우리로서는 용인할 수 없는 일입니다. 따라서 나는 스위스-팔레스타인 협회의 초청으로 취리히에 오게 된 것을 기쁘게 생각합니다.

나는 곧 내가 특히 관심을 갖고 있는 사안들에 대해 말하게 될 것입니다. 며칠 후 '러셀 트리뷰널 온 팔레스타인'[10] 3차 회의가 남아프리카에서 열릴 예정이기 때문입니다. 1차 회의는 2년 전 바르셀로나에서, 2차 회의는 1년 전 런던에서 개최되었고, 이제 3차 회의가 11월 케이프타운에서 개최될 예정입니다.

나는 유엔 안전보장이사회가 표방하며 세계인권선언에 명시된 중요한 기본 가치들을 수호할 책임이 우리에게 있다고 생각합니다. 팔레스타인인들의 고통을 외면하면 안 됩니다. 아무도 그들을 지켜 주지 않습니다. 팔레스타인인들은 이스라엘의 점령 아래 많은 고통을 당했습니다. 그들은 공정한 선거를 실시하고 민주주의를 실현하고자 노력했지만, 몇십 년간 지속되어 온 상황이 변하지 않는 이상 그것은 불가능합니다. 팔레스타인인들은 1948년 이스라엘-아랍 전쟁 동안 유례없는 끔찍한 추방을 당해야 했습니다. 팔레스타인인들은 이 일을 아랍어로 재앙을 뜻하는 '나크바'라고 부르지요. 우리는 이제 이런 일들에 대해 적극적으로 항의해야 합니다.

9 1967년 6월 5일에 발발한 제3차 중동전쟁. 선제공격에 나섰던 이스라엘은 이 전쟁에서 승리하며 시나이반도, 가자 지구, 요르단강 서안(웨스트뱅크), 동예루살렘 등을 완전히 장악했다. (편집자 주)

10 Russell-Tribunal on Palestine. 인권존중에 힘쓰고 팔레스타인인들에 대한 이스라엘의 전쟁범죄를 조사하는 비정부기구. 2009년 가자 지구에서 자행된 이스라엘의 군사행동을 계기로 결성되었으며, 1966년 버트란드 러셀과 장 폴 사르트르가 창립한 '베트남 트리뷰널'을 모체로 한 것이다. 후원자로는 부트로스 부트로스 갈리(Boutros Boutros-Ghali. 전 유엔 사무총장), 밀란 쿠찬(Milan Kučan. 전 슬로베니아 대통령), 드리스 반 악트(Dries van Agt. 전 네덜란드 수상), 작가 터릭 알리(Tariq Ali), 러셀 뱅크스(Russell Banks), 노르만 핑켈슈타인(Norman Finkelstein), 에두아르도 갈레아노(Eduardo Galeano), 학자 노엄 촘스키(Noam Chomsky), 요한 갈퉁(Johan Galtung), 장 지글러(Jean Ziegler) 및 고인이 된 노벨상 수상자 해럴드 핀터(Harold Pinter)와 주제 사라마구(José Saramago) 등이 있다.

현재 러셀 트리뷰널 온 팔레스타인 같은 비정부기구가 그 일을 하고 있지요. 이 기구는 '러셀 트리뷰널 온 베트남'에 뿌리를 두고 있습니다. 러셀 트리뷰널 온 베트남은 미국이 잔혹한 베트남 전쟁을 수행하던 시절에 생겨난 기구로, 미국이 베트남에서 불의를 자행하고 있으며 우리는 베트남인들을 도와야 한다고 권고하고 나섰었죠. 오늘날도 마찬가지입니다. 미국은 자신의 우방인 이스라엘에게 별로 엄격하지 않습니다. 그래서 팔레스타인인들은 계속 고통을 당하고 있어요.

팔레스타인의 상황에 대한 분노는 많은 나라에서 커다란 파장을 일으켰던 나의 작은 책 『분노하라』에 기록되어 있습니다. 이 작은 책의 원래 제목은 프랑스어 'Indignez-vous!' 입니다. 나는 이 프랑스어 단어에 들어 있는 '존엄(dignité)'[11]이라는 말을 아주 중요하게 생각합니다. 사람은 자신의 가치, 자신의 품위와 존엄을 지킬 수 있어야 합니다. 그리고 그런 가치들이 어딘가에서 무시된다면 '분노해야' 합니다. 나의 작은 책은 독일어로 'Empört Euch!'라고 번역이 되었고, 스페인어로는 'Indignaos!', 이탈리아어로는 'Indignatevi!'라고 번역이 되었지요.

이 작은 책은 지금부터 1년 전인 2010년 9월 몽펠리에의 '앵디젠'(Indigène Édition)이라는 출판사를 통해 발행되었습니다. 아주 값싸고 배본하기 쉬운, 작고 예쁜 책이었죠. 우리는 이 책이 프랑스인들의 관심을 끌 수 있을 것이라 예상했습니다. 그래서 8천 부를 찍었고, 그 정도면 충분하리라 생각했지요. 하지만 그렇지 않았습니다. 판매부수는 점점 늘어났고, 몇십만 부가 팔리나 싶더니 1백만 부를 넘어 2백만 부가 팔려 나갔습니다. 파리에서는 아직도 베스트셀러 목록에 올라 있지요. 지금까지 프랑스어 판만 약 3백만 부 가깝게 팔려 나간 상태입니다.

그밖에도 이 책은 30개 언어로 번역되어 스웨덴, 한국, 아르헨티나, 브라질 같은 나라에서도 나와 있습니다. 놀라운 일이죠. 전 세계 방방곡곡, 물론 이곳 스위스와 독일과 오스트리아에서도 그 책을 구입할 수 있습니다. 이 작은 책은 세계 어디에서나 구할 수 있어요.

이 일이 무엇을 의미할까요? 나는 한 권의 책, 그것도 30페이지밖에 되지 않는 얇은 책이 그런 어마어마한 성공을 거두었다는 것이 자랑스럽습니다! 하지만 동시에 약간 걱정스러운 것도 사실입니다. 사람들이 과연 텍스트를 이해했을까? 라는 질문을 하게 되기 때문입니다. 제목만 읽고 "그래, 이제 시작하자! 우리는 분노해야 해, 우리는 쳐부수어야 해!" 하지 않을까? 아니면 텍스트를 다 읽을까? 그 책에는 모든 것이 아주 정확하게 기록되어 있는데 말이지요.

21세기 초를 보내고 있는 지금, 우리는 어떤 위험에 대해 분노해야 하고, 나아가 그에 대항하여 행동해야 할까요?

첫 번째 커다란 위험은 한쪽에 아주 작은 그룹, 즉 인구의 '1퍼센트'[12]에 해당하는 어마어마하게 부유하고 정치에 막강한 영향력을 행

11 관련 단어들은 다음과 같다. dignité(존엄) – indignité(모욕) – indignez(분노하다. S'indigner의 활용형). 영어의 dignity(존엄) – indignity(모욕) – indignant(분노한)와 비슷하다. (편집자 주)

12 월가(Wall street) 점령시위의 슬로건 "one percent"를 패러디한 말. 1퍼센트란 국민총생산의 대부분을 독식하는 미국의 경제 엘리트를 의미한다. 제이미 존슨의 다큐멘터리 필름 〈1퍼센트〉(2006)에서 따온 말이다.

T. 775-7000
T. 775-7000
OCCUPY SEOUL
WE ARE THE 99%
미친
물가

신자유주의❷ Occupy! 서울을 점령하라! (대한문, 2011) ⓒ 이상엽

사하는 사람들이 있다는 것입니다. 반면 다른 쪽에 있는 절대 다수는 전혀 힘이 없거나 힘이 아주 적은 사람들이고, 이들 중 다수는 기아와 빈곤에 시달리고 있습니다. 끔찍한 일이죠!

물론 세계에는 언제나 부유한 자와 가난한 자가 있었습니다. 모두가 평등한 사회는 없었어요. 내가 태어나던 해인 1917년 공산주의 혁명이 일어나 모두가 평등한 사회를 실현하고자 했지요. 그리고 우리 모두는 그 결과가 어떠했는지 알고 있습니다. 그러나 모두가 평등한 사회는 없다 해도, 지금의 불평등은 너무나 심각하여 이대로 방치하면 얼마 가지 않아 커다란 불행을 초래하게 될 것입니다!

이제 지구에는 70억의 인구가 살아요. 어제 나온 미국의 보고에 따르면 현재는 70억, 몇 년만 지나면 90억이 된다고 합니다. 70억 중 최소 1/3이 비인간적인 조건 아래서 일하고, 극심한 빈곤 가운데 살고 있습니다. 제대로 먹고 사는 것이 불가능합니다. 이것은 우리가 깨닫고 인정하고 뭔가 조치를 취해야 하는 엄청난 위험입니다.

두 번째, 마찬가지의, 아니 아마도 더 큰 위험은 우리가 미래를 생각하지 않고 우리가 사는 행성인 지구를 너무나 착취하는 바람에, 이런 식으로 가다간 몇 년 뒤면 지구를 적절하고 지속가능하게 되살리기에는 너무 늦어 버릴 거라는 점입니다. 물 부족 현상이 확산되고 곡물 가격이 치솟을 것입니다. 에너지 소비가 증가하여 환경의 끔찍한 오염이 불가피합니다.

우리는 이런 위험들을 인식해야 합니다. 나의 작은 책 『분노하라』는 위험을 인식할 것을 촉구하고 있습니다. 그 책은 이 두 가지 위험을 직시하고 그에 대해 분노하라고 호소합니다. 그 뒤에 나온 두 번째 작은 책 제목은 『참여하라』, 프랑스어로 『Engagez-vous!』입니다. 이런 위험들에 대처하기 위해서는 분노할 뿐 아니라 참여해야 한다고 강조하고 있지요.

이제 우리가 대화로 들어가기 전에 잠시 언급하고 싶은 세 번째 위험은 테러입니다. 우리는 10년 전부터 끔찍한 테러의 공포에 시달리고 있습니다.

물론 테러리스트들은 언제나 있었고 테러도 있었습니다. 하지만 10년 전 뉴욕에서 세계무역센터 2개의 빌딩이 무너진 뒤 달라진 게 있다면, 테러조직(테러조직의 이름은 '알 카에다'이고, 지금까지 알 카에다의 몇몇 조직원들이 죽임을 당했지요)이 이슬람과 연관되어 있으며, 이슬람은 그토록 끔찍한 위험을 초래할 수 있으니 이런 위험을 물리쳐야 한다고 생각하게 된 것이겠죠.

하지만 문제를 그런 식으로 풀어 가는 것은 아주 위험합니다. 그렇게 생각하면 탈레반을 소탕하기 위해 아프가니스탄을 쳐부수어야 한다는 결론에 이르게 되기 때문입니다. 하지만 그런 방법으로는 결코 테러가 사라지지 않을 것입니다.

테러 속에서 우리는 읽어야 합니다. 존중받지 못하고 무시당한다는 느낌 가운데, 모든 것을 결정하는 '1퍼센트'를 미워하는 사람들의 감정을 말이죠. 그들은 아주 힘들게 살고 있고, "끔찍한 서구를 쳐부수자!"고 외치면서 계속하여 사람들을 동원할 수 있습니다.

이런 상황을 어떻게 극복할 수 있을까요? 다른 문화들을 알아 가고 친숙해지는 과정을 통해서만 이런 상황을 타개해 나갈 수 있습니다. 그러기 위해서는 세계의 다양한 문화를 존중해야 합니다. 우리는 다른 모든 이들에 대한 공감에 기초한 세계를 만들어 나가야 합니다. 교육 개혁도 그에 속합니다. 오로지 자신이 더 잘살고 더 강해지기 위해 더 많이 가지려 하고, 다른 사람을 제치고 앞서고자 하는, 이기심을 조장하는 교육은 지양되어야 합니다. 그래서는 안 됩니다. 우리는 이 지구상에 사는 모두와 공감해야 합니다!

아름다운 나라 스위스에서 공감 어린 태도는 늘 장려되어 왔습니다. 스위스에는 최소한 서너 개의 다른 문화가 공존하고 있고, 모두 서로의 입장을 이해하면서 사는 것에 익숙해져 있지요. 스위스인들은 더 많은 일들을 할 수 있습니다. 파라데플라츠 점령시위가 그것을 보여줍니다. 더 할 것이 있다는 마음이 있기에 그런 시위가 일어나는 것이지요. 스위스가 보여주는 민주주의의 모범은 프랑스인들에게 아주 중요합니다. 뭔가 행운을 가져다 준다고 할까요. 공감이 인정되는 스위스에서 사는 건 커다란 특권이라고 생각합니다.

그러나 현재 전 세계는 아무런 대안 없이, 신자유주의 자본만이 판을 치는 듯합니다. 신자유주의는 아주 강하고 아무런 규제를 받지 않기에 이제 더 나빠질 일밖에 없어 보입니다. 어제 우리의 모든 정부들이 브뤼셀에 모여 해결 방법을 모색했지만 여전히 방법을 찾지 못했어요. 아직은 시간이 필요할 것 같습니다. 해결 방법이 발견되기를 바라야죠.

하지만 동시에 우리는 현 상황에 마땅히 분노해야 하며, 세계적인 위험들을 인식하고 이를 해결하기 위해 비폭력적으로 투쟁하기를 원하는 젊은 세대의 요구에 길을 터 주어야 마땅합니다.

이 모든 이야기가 30페이지의 얇은 책에 기록되어 있습니다. 그 책을 읽고 참여하기를 원한다면, 두 번째 얇은 책 『참여하라』를 읽으며 생각을 해볼 수 있지요. 또한 스위스의 장 지글러[13]나 『La voie. Pour l'avenir de l'humanité(길; 인류의 미래를 위하여)』를 쓴 프랑스의 에드가 모랭[14] 같은 위대한 사회학자나 철학자, 정치적인 사고를 하는 사람들도 우리에게 계속 생각할 수 있는 가능성을 열어 줍니다.

상호 의존된 세계에서 우리는 서로 연결되어 있어요. 이제 더 이상 어떤 문제도 한 나라 단독으로 풀어 나갈 수 없습니다. 스위스조차 그렇게 하지 못합니다.

물론 때로 스위스가 마치 혼자 할 수 있을 것 같은 생각이 들기도 할 것입니다. 스위스는 다른 나라들이 필요 없다는 생각, 스위스는 전쟁 중에도 늘 중립을 유지했으므로 스위스 밖에서 일어나는 문제들에 영향을 받지 않고 계속 고고하게 살 수 있을 거라는 생각이 들지도 모릅니다.

13 Jean Ziegler. 1934년생. 스위스의 사회학자이자 정치가. 2000년부터 2008년까지 유엔 식량특별조사관을 지냈고, 2008년부터 인권위원회 자문위원으로 일하고 있다. 그의 유명한 저서인 『La Faim Dans le Monde Expliquee a Mon Fils』(1999)는 한국에서 『왜 세계의 절반은 굶주리는가?』(갈라파고스, 2007)로 번역 출간되었다. (편집자 주)

14 Edgar Morin. 프랑스의 현존하는 철학자이자 파리 국립과학연구소 연구부장. 그와 스테판 에셀의 공동저서인 『Le chemin de l'espérance(희망의 길)』(2011)는 한국에서 『지금 일어나 어디로 향할 것인가』(푸른숲, 2012)로 번역 출간되었다. (편집자 주)

하지만 그런 생각은 전혀 사리에 맞지 않습니다! 좋은 정부를 가지고 있든, 아직 힘이 넘치든 상관없이, 미국이건 이스라엘이건 스위스건 한 나라만을 위한 해법은 존재하지 않습니다. 이제 어떤 나라도 전체 글로벌 사회와 연결되지 않고 혼자서 해나갈 수 없습니다. 바로 이것이 우리 시대의 새로운 특성입니다. 우리는 우리 시대의 특성을 알아야 하고, 시대적 과제를 위해 공동으로 노력해야 합니다.

물론 우리는 일단 분노해야 합니다. 만족은 좋지 않습니다. 너무 만족스러우면 아무런 행동도 하지 않게 되기 때문이죠. 그럼 나약해집니다. 활력을 얻고 성장하고자 한다면 지금의 위험을 비폭력적으로 해결하기 위해 어떤 투쟁이 필요한지 알아야 합니다. 내가 늘 남녀노소를 가리지 않고 사람들에게, 또한 동료들에게 주는 메시지는 바로 이것입니다.

용기를 내어라, 그러나 상황에 정통하라!

문화가 다르고 종교가 다를지라도, 가능한 한 모두가 잘사는 세계를 건설할 수 있습니다. 여러분은 함께 조화로운 세계를 만들어 나갈 수 있습니다! 이 커다란 홀에 모인 여러분 모두가 우리 시대의 커다란 위험들을 인식하고 그에 맞서 용감히 싸워 나가시기를 바랍니다!

2

지금은 깨어날 때

| 앙드레 마티 & 취리히 청중들과의 대담 |

앙드레 마티André Marty

1965년 스위스 윌리스 출생.

언론인. 스위스 「일요신문」의 부장 대우를 지냈고, 그 뒤 여러 해에 걸쳐 스위스 텔레비전 방송 SRF의 중동 특파원으로 활동했다.

앙드레 마티 에셀 씨, 좋은 연설 감사 드립니다. 괜찮으시다면 당신의 아주 신랄한 생각, 제안, 선동들이 어떤 개인적 배경에서 나온 것인지 좀 알고 싶은데요. 제가 몇몇 연도나 날짜를 제시해 볼 테니, 그에 대해 즉석에서 떠오르는 생각을 말씀해 보시죠. 자, 1937년을 회상하면 어떤 생각이 떠오르세요?

스테판 에셀 아 예. 그때 제가 스무 살이었지 않습니까? 당시 프랑스에서 아주 흥미로운 일이 있었어요. 인민전선(Front populaire)[15] 정부가 들어선 것이죠. 정치적으로 나는 언제나 좌익을 표방해 왔습니다. 당시 수상이었던 레옹 블룸과 함께 1년여에 걸쳐 프랑스의 민주주의가 사회주의적으로 진보하리라는 희망에 부풀어 올랐죠.

하지만 1937년은 스페인 시민전쟁[16] 중이었고, 그 전쟁이 계속 확산되어 나치가 진군해 왔어요. 오스트리아가 독일에 함락되고, 무솔리니가 리비아 및 알바니아와 전쟁을 했던 시기이기도 했죠. 유럽은 가히 백 년 동안 전쟁의 무대가 되었습니다.

15 프랑스 좌익정당들이 통합하여 이룩한 정부로, 레옹 블룸의 지도하에 제3공화국 시기인 1936년에 집권했다.

16 1936년에 수립된 스페인 인민전선 정부에 맞서 프랑코 장군이 이끄는 군부가 반란을 일으키면서 시작된 치열한 전쟁(1936~1939). 한국에선 보통 '스페인 내전'으로 표기한다. 민주공화국을 지키기 위해 세계 각국에서 모여든 사회주의자, 아나키스트, 지식인 등이 '국제 여단' 소속으로 참전했지만 3년간의 내전은 결국 히틀러와 무솔리니의 대대적 지원을 받은 프랑코의 승리로 막을 내렸다. '인류 양심의 리트머스 시험지'로 불렸던 스페인 내전에서의 패배를 두고 앙드레 말로는 "인류는 정의가 패배할 수 있음을, 폭력이 정신을 꺾을 수 있음을, 용기가 보답받지 못할 수 있음을 스페인에서 배웠다"라고 말한 바 있다. (편집자 주)

그러니 당시 유럽이 어땠겠어요? 투쟁, 전쟁이 판을 쳤습니다. 서로가 서로에 대해 들고 일어났죠! 내가 보기에 우리 세대의 가장 큰 성공은 우리가 그것을 극복했다는 사실입니다. 당시 1937년에 나는 스무 살이었지요. 지금은 아흔네 살이고요. 어제 브뤼셀에 유럽 각국 정상들이 모였습니다. 그것만 봐도 우리가 1937년 이래 진보해 왔음이 입증되지요.

앙드레 마티 재미있네요. 난 당신이 무의식적으로 다른 일을 떠올릴 줄 알았는데……. 그 해에 당신은 독일인에서 프랑스 국민으로 귀화하셨잖아요.

스테판 에셀 그랬죠! 하지만 그에 대해서는, 난 어린 시절부터 내가 그냥 프랑스인이라고 느끼며 살았다고 말할 수 있어요. 다만 당시 스무 살이 되기 전에는 귀화할 수 없었기에 1937년 10월 20일에야 프랑스로 귀화한 것이고요. 난 이미 그전부터 내가 프랑스인이라고 생각하고 있었답니다.

앙드레 마티 10 003이라는 번호를 아시죠? 떠올리기 불쾌한 과거겠지만, 그래도 당신의 인생에 아주 결정적인 사건이었죠. 청중들에게 잠시만 확인해 주시겠어요?

스테판 에셀 부헨발트 강제수용소에서 나의 수감번호로군요. 10 003! 게

슈타포에게 체포된 건 물론 좋은 일이 아니었어요. 누구나 이젠 끝장이구나 생각하는 상황이었죠. 난 한 동료의 배신으로 체포되고 말았습니다. 유감스럽게도 그는 게슈타포의 고문에 못 이겨 나의 정체를 밝히고 말았죠. 나는 1944년 7월 10일 파리에서 체포되었고, 한 달 동안 모진 고문과 심문을 당한 후 부헨발트 강제수용소로 이송되어 10003이라는 수감번호를 받았어요! 그 번호를 받은 뒤 나는 사람들과 함께 있었는데, 모두 사형선고를 받은 사람들이었죠.
우리는 물론 우리가 사형선고를 받았다는 걸 알고 있었어요. 하지만 우리 서른여섯 명 중 열여섯 사람이 먼저 교수형에 처해지고 나서야, 우리는 비로소 우리도 그런 운명에 처해질 것이고 각자 알아서 구원의 방법을 찾아야 한다는 걸 알았죠.
나의 방법은 티푸스로 죽은 프랑스인의 신분증을 넘겨받는 것이었습니다. 그의 몸은 나의 신분증을 매단 채 화장터로 갔고 나는 그의 신분증을 얻어, 물론 수감자의 신분이긴 했지만, 사형선고를 받지는 않은 신분이 되었죠.
끔찍한 부헨발트 수용소에서 여러 사람들의 도움이 없었다면 그 모든 일은 불가능했을 겁니다. 무엇보다 오이겐 코곤[17]의 도움이 컸어요. 오이겐 코곤은 이미 여러 해 동안 수감 생활을 해온 터라 SS(나치 친위대) 티푸스 담당 의사를 알고 있어서 그를 설득할 수 있었습니다. 그 의사에게 나중에 전쟁이 끝나면 우리 중 세 사람을 구했다는 증서를

17 Eugen Kogon(1903~1987). 저널리스트, 사회학자, 정치학자로 『Der SS-Staat. Das System der deutschen Konzentrationslager(SS국가 : 독일의 수용소 시스템)』(1946)를 썼다.

써 줄 수 있을 거라고 설득했어요. 그리고 설득에 성공했죠.
오이겐 코곤의 아들이 스위스에 살아요. 여기 취리히 근처라고 하던데……. 그가 나의 책을 독일어로 번역했지요. 생각해 보십시오. 내 생명의 은인의 아들이 나의 책들을 번역하다니, 그게 얼마나 소중한 인연인지……. 내겐 정말이지 특별한 기쁨입니다!

앙드레 마티 우리가 고른 날짜 중 하나는 이것입니다. 1948년 12월 10일, 오전 10시. 그때 어디 계셨죠?

스테판 에셀 1948년 12월 10일에 나는 파리의 샤이오 궁[18]에 있었어요. 거기서 투표가 이루어졌죠. 당시 54명의 유엔 회원국 대표들이 일렬로 앉아 있었고 미국의 차관 앤드류 코디어[19]가 나라들을 호명했지요. 첫 번째 나라는 아프가니스탄이었습니다. 아프가니스탄은 알파벳 순서로 유엔의 첫 번째 회원국이기 때문이죠. 아프가니스탄은 "yes"라고 대답했고, 이어 다른 모든 나라도 찬성을 표했어요. 여덟 개 나라는 "기권"했지만, 당시 이런 기권은 부정적인 것으로 여겨지지 않았습니다.
그리하여 세계인권선언은 46개국의 찬성과 8개국의 기권으로 가결되었습니다. 내가 나의 친구 르네 카생[20], 샤를 말리크[21], 엘리노어 루스벨트[22]를 도와 세계인권선언 문안 작업에 힘쓴 3년간의 세월이 유종의 미를 거둔 것이었죠. 엘리노어 루스벨트는 이 그룹의 의장이었습니다.

세계인권선언의 모든 조항, 30개 조항 모두가 오늘날까지 유효성을 갖는다는 것은 특별하고 특이한 일입니다. 인권선언문 내용은 민주주의가 진정한 민주주의가 되기 위해 필요로 하는 것들입니다. 강령이죠! 훨씬 나중에 협약이 두 개 더 추가되었습니다. '시민적·정치적 권리에 관한 국제규약'과 '경제적·사회적·문화적 권리에 관한 국제규약'이 그것이죠.[23]

물론 거기서 그치지 않았습니다. 오늘날에는 인류에 대해 범죄를 저지른 사람들을 재판하는 국제법정까지 존재해요. 한마디로 우리는 이미 진보했습니다!

당신이 막 언급한 1948년 12월 10일의 선언에 담긴 강령은 오늘날에도 모든 민주주의자들과 이 홀에 있는 모든 사람들이 필요로 하는 것들입니다. 여러분 모두 민주주의자들이라고 저는 확신합니다!

우리는 이런 선언을 계속해서 읽어야 하고, 이렇게 자문해야 합니다.

18 Palais de Chaillot. 파리 센강 북쪽 강변에 있는 박물관. 1937년 파리 만국박람회의 중심 건물로 건축되었다. (편집자 주)

19 Andrew Wellington Cordier(1901~1975)는 유엔 사무총장 다그 함마르셸드 밑에서 사무차장으로 일했다. 미 국무부는 1945년에 국제연합 설립을 돕도록 그를 런던으로 불렀다.

20 René Samuel Cassin(1887~1976). 법률가이자 외교관. 세계인권선언의 공동 발의인이었다.

21 Charles Habib Malik(1906~1987). 레바논 철학자. 마틴 하이데거 아래서 공부했고 한나 아렌트와 교류했다. 유엔 헌장과 세계인권선언 작업에 참여했다.

22 Anna Eleanor Roosevelt(1884~1962). 미국의 인권운동가. 미 대통령 프랭클린 D. 루스벨트의 부인.

23 〈경제적·사회적·문화적 권리에 관한 규약〉(1976. 1)은 'A규약', 〈시민적·정치적 권리에 관한 규약〉(1976. 3)은 'B규약'이라고 부른다. 구속력이 없는 세계인권선언과 달리 국제인권규약은 조약 체결국들에 대한 법적 구속력을 갖는다. (편집자 주)

이미 모든 것들이 이루어졌는지, 아니면 앞으로 그것을 이룰 수 있기 위해 우리가 무엇을 해야 하는지…….

앙드레 마티 또 하나의 시점을 고른다면…… 1982년은요? 1982년 하면 무엇이 떠오르나요?

스테판 에셀 1982년이라?

앙드레 마티 약간 도움을 드리지요. 당신은 그 해에 외교관직에서 퇴임을 했는데요.

스테판 에셀 아, 나이 든 스테판 에셀을 말씀하시는 겁니까? 그래요. 그 이야기를 해보지요. 그때 나는 65세였어요. 65세면 보통 은퇴를 하지요. 하지만 운이 좋으면 ― 나는 일생 동안 운이 좋았어요! ― 공화국의 대통령 입에서 이런 말이 나옵니다.
"이 외교관은 직무를 잘 수행했으므로 약간 선처를 해주고 싶습니다. 그를 프랑스의 대사로 만듭시다!"
나는 대통령께 물었습니다.
"좋아요. 그런데 프랑스 대사라니 무슨 뜻이죠?"
그러자 대통령은 이렇게 대답했지요.
"그것은 당신이 죽을 때까지 프랑스 대사 지위를 가지게 된다는 뜻입니다. 한 나라나 한 조직의 대사는 아니지만 프랑스 대사의 위엄을 지니게 되는 것입니다!"
그것은 내가 여기 이 취리히의 홀에서 프랑스의 역사적 가치를 표방하고, 그것을 지켜 내야 한다는 의미입니다. 특정 정부를 위해서가 아니라 프랑스 그 자체를 위해서 말이죠. 이것은 대단한 위엄이고 대단한 영예입니다. 이런 지위를 감당하는 것이 쉽지는 않아요. 하지만 나는 잘하려고 노력합니다!

앙드레 마티 말씀 잘 들었습니다. 사적인 이야기도 해주셨고 세계인권선언 작성에 참여한 이야기도 해주셨는데, 세계인권선언 1조를 잠시 다시 떠올려 볼까요? 그 내용을 상기하는 건 언제나 좋은 일이니까요. 자, 1조의 내용이 무엇이죠? 제가 얼른 읽어 드리죠.
"모든 인간은 태어날 때부터 자유롭고, 존엄하며, 평등하다. 모든 인간은 이성과 양심을 가지고 있으므로 서로에게 형제애의 정신으로 대해야 한다."
에셀 씨, 당신은 세계인권선언에 엄청난 중요성을 부여하고 계시죠. 하지만 현실정치에서 인권선언의 실행에 우선순위를 둔다든지 하는 강제성은 없는데요? 이런 상황이 약간 실망스러우십니까?

스테판 에셀 아니오. 이런 특별하고 놀라운 내용이 무조건 현실에서 이미 실현되어 있어야 하는 것으로 보지는 않습니다. 이런 내용은 희망이고, 목표이고, 강령이기도 해요! 현재 뉴욕에 모여 팔레스타인에게 국가 자격을 부여할지 말지를 논의하는 — 아직 가능성을 완전히 배제

할 수는 없어요. 팔레스타인이 인준 받을 수도 있다고 봐요—139개 유엔 회원국 중 그 어느 나라도 인권선언에 완전한 가치를 부여하고 있지는 않습니다. 이쪽저쪽 치고받고 전쟁을 하면서 형제자매처럼 산다고 할 수는 없겠죠? 아직 많은 나라들이 그러고 살아요!

이 139개국 중 몇 개국이 진정한 민주주의 국가일까요? 내가 유엔을 변호하면 사람들은 때로 이런 질문을 합니다.

"네네, 유엔 말이죠. 하지만 유엔에 가입한 나라 중 몇 개국이 진정 민주국가라고 할 수 있나요?"

그러면 나는 이렇게 대답합니다.

"적지요. 하지만 점점 더 많아질 것입니다! 1950년 이래 반세기 동안 우리는 진보했어요. 매년 민주주의가 새롭게 더해졌지요. 아직 민주주의가 실현되지 않은 나라들이 물론 많습니다. 유감스럽게도 스스로는 민주국가를 표방하지만 아직 모든 인권이 실현되지 않은 나라들도 많지요. 최고의 민주국가라고 자부하는 나라에서 이민자들을 어떻게 대하고 있는지만 보아도 알 수 있습니다! 그런 행동은 세계인권선언 13조[24]에 부합하지 않죠. 따라서 우리는 잘못하고 있어요. 하지만 분명 진보는 있습니다!"

아프리카만 해도 그렇습니다. 그곳의 상태를 보면 종종 실망스럽죠. 제노사이드(집단학살)나 온갖 나쁜 일들이 많으니까요. 그러나 아프리

24 세계인권선언 13조는 다음과 같다. 1. 모든 인간은 자기 나라 영토 안에서 이동과 거주의 자유를 누릴 권리를 갖는다. 2. 모든 인간은 자국을 포함한 모든 나라에서 떠나거나 돌아올 권리를 갖는다.

카에 가 보면, 그곳도 진보하고 있음이 느껴집니다. 우리는 튀니지, 이집트, 리비아에서 일어난 일들을 잊어서는 안 돼요! 아마도 내일은 예멘과 시리아에서 그런 일들이 있을 겁니다. 그곳에서도 움직임이 있어요! 그런 일들에 대해 감사하는 마음을 가져야 합니다.

앙드레 마티 이제 당신에게 약간 도전을 해보려고 하는데, 괜찮으시겠어요? 잘 견디시리라 믿습니다.

스테판 에셀 좋지요.

앙드레 마티 당신은 젊은이들에게 큰 희망을 걸고 계시는 것 같은데요. 여기 모인 청중들 중에도 놀랄 만큼 젊은이들이 많고요. 우리는 이미 말했던 아랍 세계의 반란 — 그래요, 그중 일부는 혁명이지요 — 을 보며 그곳에서도 사회운동이 일어나고 있음을 알고 있습니다. 하지만 유럽이나 아메리카에서는 그런 사회운동에 대중을 동원하는 것이 더 어렵죠. 평등이라는 개념처럼 진부하게 들리면서도 실현하기가 매우 힘든 민주적 가치들을 위해 정말로 광범위한 대중이 움직일 수 있다고 보십니까? 현실과 너무 동떨어진 생각 아닐까요? 약간 과도한 희망이거나.

스테판 에셀 바로 거기에 우리의 과제가 있다고 생각합니다! 작은 책 한 권이 의미가 있다면, 사람들을 움직이고 참여시키는 것 아닐까요? 바꿔어야 할 것들을 생각하게 하고, 유토피아에 대한 관심을 키우고! 우리는 꿈꿀 수 있고 꿈꾸어야 합니다! 셰익스피어는 "우리가 실패한 것은 꿈꾸기를 시작하지 않았기 때문이다"라고 했어요. 멋진 말이죠. 우리는 꿈꾸어야 하고, 또한 우리의 꿈이 우리가 바라는 만큼 실행되지 않았다는 걸 알아야 합니다.
대다수의 사람들은 스스로 행동할 준비가 되어 있지 않습니다. 그들은 이미 이룬 것으로 살아가고, 그로써 충분하다고 생각하죠. 그러므로 우리는 분노하고 참여하는 소수를 필요로 합니다. 역사의 시기 시기마다 그런 소수가 있었어요. 때로 그들은 한 종교의 시초를 이루었지요. 가령 예수의 제자들도 그랬습니다. 그들은 적은 수로 전 세계를 새롭게 했어요. 시작은 보잘것없지만 아주 크게 될 수 있지요. 나는 늘 그것을 바라고 있습니다.

앙드레 마티 이상적인 경우 작은 시작이 눈덩이처럼 불어날 수 있지요! 당신이 말했듯이 이제 당신의 그 '작은 책'을 튀니지에서뿐 아니라 취리히의 파라데플라츠에서도 구할 수 있으니까요. 그래요. 세계 곳곳에서 말이죠. 에셀 씨, 그렇다면 그 책에 서서히 약간의 책임이 주어지는 건 아닐까요?

스테판 에셀 사람들이 내가 책에 기록한 이야기를 하고 다닌다면 책임이 있다고 할 수 있겠지요. 더욱이 제목이 제목이니만큼. 사실 그 제목은 출판사에서 제안했습니다. 출판사 대표가 진짜 투사라 할 만한 여성이거든요. 호주의 원주민과 티베트를 위해서도 활동한 사람이에요. 그녀가 내게 이렇게 말하더군요.

“당신이 쓴 내용은 강력한 영향력을 발휘해야 해요. 그리고 강력한 효과를 내려면 강한 제목을 붙여야 해요.”

그래서 우리는 책 제목을 『분노하라』로 정했지요. 나는 그녀에게 말했습니다.

“맙소사! 좋아요! 하지만 사람들이 책 제목을 보고 오해하지 않을까요? 무작정 이제 쳐부수어야 한다, 닥치는 대로 싸워야 한다고 말하면 어떻게 하죠?”

내가 강조하고 싶은 것은, 그 책의 제목은 상당히 선동적이지만 책을 마지막 세 페이지까지 읽어 보라는 것입니다. 어디까지나 비폭력적으로 분노해야 하며, 폭력을 사용해서는 안 된다고 정확히 명시되어 있습니다. 우리에겐 넬슨 만델라, 미하일 고르바초프, 바츨라프 하벨, 마하트마 간디, 마틴 루터 킹 등 위대한 모범들이 있어요. 폭력을 거부하면서도 많은 것을 이룬 사람들이죠.

따라서 신중해야 합니다. 마티 씨, 당신 말이 옳아요. 이 책을 슬쩍 훑어보고 “이제 일어나 때려 부수자!”라고 말할 위험이 있어요. 하지만 대부분의 정부는 분노할 이유가 있는 청년 혹은 장년들이 있다는 걸 받아들일 준비가 되어 있지 않습니다. 그러나 또한 다행히 이해를 하면서 “그래, 그들로 하여금 분노하게 하고 행동하게 하자. 그리고 그들이 얼마나 효과를 발휘하는지 보자”라고 말하는 정부도 있긴 하지요.

한미FTA
저지!
이명박정권
심판!
FTA
반대

신자유주의❸ 우리는 주권자다, 고로 반대한다! (서울시청 앞, 2011) © 이상엽

앙드레 마티 다시 한 번 정리해 볼까요? 여기 비폭력 저항에 동조하고 참여하고 싶어 하는 사람들이 틀림없이 있습니다. 그렇다면 어떤 식으로 비폭력 저항을 할 수 있는지 핵심적인 사항만 이야기해 볼까요? '정책 구상' 같은 건 너무 거창한 말 같고요. 당신 이전에 많은 사람들이 비폭력 저항을 시도했지만, 실행하는 데는 별로 운이 없었어요. 이제 내가 오늘 여기 스위스의 현실 속에서 구체적으로 어떻게 참여할 수 있을지 핵심을 짚어 주실 수 있나요?

스테판 에셀 가장 중요한 질문이군요. 감사합니다. 오늘날 참여할 수 있는 방법은 최소 두 가지라고 생각합니다. 한 가지는 비정부기구, 즉 NGO에 참여하는 방법이죠. 국제사면위원회(Amnesty International), 국제인권감시(Human Rights Watch), 인권연맹(Ligue des droits de l'Homme) 등 많은 NGO가 있어요. 한 나라, 혹은 여러 나라에 지부를 두고 있고, 아탁(ATTAC, 금융거래과세 시민연합)처럼 훌륭하게 네트워크화가 이루어져 있는 기구들도 많지요. 아탁의 의장 수전 조지[25]는 최근 『Leurs Crises, nos solutions(그들의 위기, 우리의 해법)』이라는 멋진 책을 썼습니다.
또한 많은 사람들을 동원하는 것에 관한 한, 새로운 기술로 인해 오늘날에는 우리가 젊었을 때보다 의사소통이 굉장히 쉬워졌다는 점을 생

25 Susan George. 1934년 미국 오하이오 주 아크론 출생. 작가이자 정치학자. 1999년부터 2006년까지 아탁 프랑스 부의장으로 일했다. 현재 프랑스에 거주하고 있다.

각해야 합니다. 내가 젊었을 적엔 전화는 있었지만 텔레비전은 없었고 인터넷 같은 것은 상상도 못 했지요. SNS 같은 것이 발달한 오늘날에는 사회운동이 효과를 가져올 수 있으리라는 것이 피부로 느껴져요.

하지만 NGO 활동에만 국한해서 참여하면, 시민사회의 영향력이 별로 크지 않은 경우 정부와 국회가 감시받지 않고 일하게 될 위험이 있습니다. 그러므로 비정부기구에 참여하는 것으로만 그쳐서는 안 됩니다. 젊은이들이 여기 취리히에서 파라데플라츠 점령시위를 하는 건 좋고 필요한 일이에요. 하지만 그런 다음에는 나중에 정당으로 들어가 정부에 더 효과적으로 영향을 끼칠 수 있어야 합니다. 분노하고 참여할 의지와 에너지가 있는 젊은이들을 키워, 국회와 정부와 국제조직과 유엔 등의 커다란 변화를 이끌어내야죠.

한마디로 말해 '비켜 서 있지' 말고, '정면 돌파'를 해야 합니다.

앙드레 마티 하지만 아랍의 반정부 시위들은 그와 정반대되는 모습을 보여줍니다! 정당에서 변화를 이끌어낸 것이 아니라 시민사회가, 계층을 막론하고 모든 시민들이 거리로 뛰쳐나와 최소한 몇몇 나라에서는 독재자 타도에 성공했지요. 이런 사례는 제도권 정치 안에서 정치적 행동을 하라는 당신의 명제에 어긋나는 일일 수 있겠습니다. 참고로 덧붙이자면, 지난번 선거로 스위스 국민의회의 평균연령은 더 젊어졌어요. 51세에 불과합니다.

스테판 에셀 아랍의 봄으로 돌아가 이야기를 하자면, 나는 벤 알리[26]를 축출했을 때 튀니지인들의 최대 관심사가 제헌의회 선거였다는 점을 특히 흥미롭게 생각합니다. 이것은 튀니지인들이 민주주의를 구축하고자 한다는 이야기예요. 물론 튀니지인들은 명백한 민주세력뿐 아니라 엔나흐다(Ennahda) 정당[27]을 원하지만요. 엔나흐다 정당에 대해, 엔나흐다가 이슬람 세력이며 헌법이 아니라 샤리아[28]를 원한다고 우려를 표명하기도 했어요. 하지만 엔나흐다 정당 역시 민주세력과 연대하여 "우리에게도 헌법과 민주주의가 필요하다"고 맹세했습니다. 이집트에서도 선거의 길이 열렸지요. 분노가 확산되어 일단 독재자를 타도하고 보려는 곳이든, 스페인처럼 정부의 정책에 대한 불만족이 표명되는 곳이든 간에 다음 걸음은 헌법이나 새로운 선거에 대한 요구가 제기되는 것이라고 생각합니다.

게다가 서구의 젊은 세대는 20세기의 경험들을 극복하고, 스스로 "이곳에서는 혁명은 더 이상 필요 없지만 헌법과 민주주의는 필요하다"고 말할 만큼 충분히 똑똑해요. 그런 모습은 내게 커다란 기쁨이 됩니다!

26 Ben Ali. 1936년생. 튀니지 전 대통령. 1987년 쿠데타로 집권하여 23년간 독재자로 군림하다가 분노한 국민들의 '재스민 혁명(Jasmine Revolution. 재스민은 튀니지의 국화)'에 의해 2011년 축출되었다. (편집자 주)

27 엔나흐다는 튀니지의 이슬람 정당으로, 재스민 혁명 이후 2011년 10월의 제헌의회 선거에서 튀니지의 제1당이 되었다.

28 Scharia. 『코란』과 예언자 무함마드의 가르침에 기초한 이슬람 율법. (편집자 주)

앙드레 마티 이스라엘 옹호자들은 당신에게 별로 기쁨이 되지 않겠군요. 당신이 이스라엘 상품 불매운동에 대해 ― 이렇게 말해도 된다면 ― 그다지 이의를 제기하지 않는 것을 불만스럽게 생각하는 사람들 말입니다. 당신은 정말로 아무런 거리낌 없이 불매운동에 찬성하십니까?

스테판 에셀 네, 아무런 거리낌이 없습니다! 유럽연합이 다른 국가들과 체결한 조약 중, '유럽연합과 무역을 하는 국가는 인권을 존중하는 국가여야 한다' 라는 조약이 있어요. 따라서 이스라엘이 인권을 존중하지 않는 경우 유럽연합과의 무역에서 불이익을 당하는 건 당연합니다.

그런데 이상하게도 유럽연합은 오히려 이스라엘과의 무역량을 늘리고자 하는 의지를 표명했어요. 이런 조치는 유럽연합에 부여된 인권 존중 의무를 어기는 것입니다. 불법으로 식민지를 점령하고 점령 지역에 기업들을 건설하는 나라와 무역관계를 맺어서는 안 된다고 생각합니다.

이스라엘에 우호적인 많은 친구들은 내가 유독 이스라엘에 대해 촉각을 곤두세우는 것에 대해 불만스러워합니다. 그들은 내게 수단이나 체첸이 아니라 왜 하필 이스라엘에 대해서만 신경을 곤두세우고 비판을 하느냐고 물어요. 그러면 나는, 그것은 내가 최근에 팔레스타인을 많이 방문했고 그 과정에서 이스라엘에 대해 압력을 행사해야 한다고 느꼈기 때문이라고 대답하지요. 불매운동을 통해 이스라엘로 하여금 팔레스타인에 대한 자기들의 정책이 비인간적이고 용납할 수 없는 것이라는 점을 깨닫도록 할 수 있습니다.
러셀 트리뷰널 온 팔레스타인에서도 늘 이런 이야기들이 거론되죠. 다음 주에 나는 케이프타운에서 러셀 트리뷰널의 배심원 동료들과 다시 모일 예정이에요. 거기서 우리는 공동으로 이스라엘이 팔레스타인인들을 대하는 방식이 아주 비인간적임을 폭로하고, 전 세계가 그에 반대하여 뭔가 조치를 취해야 한다고 촉구할 것입니다.

앙드레 마티 당신의 나이에 이토록 정정한 노인은 많은 사람들의 부러움을 사죠. 매일 아침 세계의 모든 일에 끼어들어, 때로는 아주 선동적인 입장을 취하도록 당신을 몰아가는 원동력은 무엇입니까? 그 와중에 늘 좋은 소리만 듣는 건 아닐 텐데요. 무엇이 당신의 에너지원이죠?

스테판 에셀 나의 동력은 마티 씨 같은 사람과 만나는 것입니다. 올바른 질문을 던지는 사람들은 내게 특히 중요하지요. 왜 안 그렇겠어요. 나처럼 살다 보면 같은 말을 수없이 되풀이하게 되는데, 당신처럼 누군가가 좋은 질문을 던져 주며 역사적 자료들을 제시해 주면 대화가 아주 즐거워지지요.
물론 나는 나르시시즘에서 자유롭지 않습니다. 오히려 반대에요. 갈채를 받는 일은 아주 뿌듯하지요. 하지만 그것은 당연히 나의 겸손함에 위험 요소로 작용합니다. 나는 나르시시즘도 있지만, 반면에 아주 겸손하기도 하거든요.

또한 친구들과 함께 일하는 것은 나를 늘 기쁘게 합니다. 에드가 모랭 같은 사람과 같이 책 작업을 하는 것보다 더 즐거운 일은 없지요. 그 책은 최근 『Le chemin de l'espérance(희망의 길)』이라는 제목으로 나왔습니다. 바로 이런 것들이 나를 움직이는 동력이에요. 지구상의 분노한 친구들에게 이제 우리가 모두 함께 나아갈 수 있는 희망의 길이 있음을 보여줄 수 있다는 게 행복합니다.

앙드레 마티 좋습니다. 그럼 청중 질문을 받아 볼까요? 이제 여러분이 말할 시간입니다.(The floor is yours!) 여기 홀 마이크가 있습니다! 부탁하건대, 질문을 가급적 짧고 정확하게 해주시면 좋겠네요. 첫 질문을 하실 분 누군가요? 질문하세요!

청중 질문 에셀 씨, 당신은 지난번 책에 비폭력 저항에 대해 쓰셨는데요. 당신은 팔레스타인에서 일어나는 일이 비인간적이라고 말씀하시는 동시에 비폭력을 옹호하시잖아요. 2차대전 동안에 프랑스 레지스탕스 대원으로 활동하시기도 했는데, 지금 팔레스타인의 상황이 당신이 레지스탕스 활동을 하던 당시와 뭐가 다르다고 생각하십니까? 참고로 저는 팔레스타인 사람입니다.

앙드레 마티 아주 흥미로운 질문인 동시에 대답하기 쉽지 않은 질문이군요. 역사적으로 동일한 상황은 존재하지 않습니다. 옛날 우리가 겪어야 했던 건 우선 나치 독일의 죄악과, 또한 역사의 슬픈 장이었던 페

탱이 이끄는 프랑스 비시 정부였어요. 우리는 이 둘에 맞서 투쟁해야 했지요.

나치 방어군과 게슈타포의 전투력에 대해서는 방법을 가리지 않고 대항해야 했습니다. 기차를 폭파시키기도 하고 장교들을 죽이기도 했어요. 이런 커다란 위험, 이런 원초적 폭력을 도저히 받아들일 수 없음을 보여주기 위해서 말이죠. 하지만 비시 정부에 대해서는 비폭력적으로 저항했어요. 연대하여 공동으로 저항할 수 있도록 설득하고자 했죠.

그렇다면 팔레스타인의 경우는 상황이 어떨까요? 다행히 이스라엘에는 팔레스타인인들을 위해 노력하는 소수가 있습니다. 아미라 하스[29] 같은 훌륭한 기자도 있고, 대안정보센터(Alternative Information Center)의 미하엘 바르샤프스키[30] 같은 활동가들도 있지요. 비폭력으로 나아가기 위해서는 그런 사람들과 긴밀한 관계를 유지해 나가야 합니다.

그러나 2009년 초 가자 지구에서처럼 이스라엘 군대가 그렇게 무지막지하게 폭격해 오면 무력을 동원하지 않는 게 불가능하겠죠. 단, 폭력을 행사하는 자는 또한 폭력을 당할 것이라는 점을 명심해야 합니다. 그리고 상대가 훨씬 더 힘이 셀 때는 폭력을 사용하는 것이 위험

29 Amira Hass. 1965년 예루살렘 출생. 라말라에 거주하는 이스라엘 저널리스트이자, 작가이자, 이스라엘의 진보적 일간지 「하레츠(Haaretz)」의 통신원이다. 2009년에 '국경없는기자회'가 주는 인권상을 수상했다.

30 Michael Warschawski. 1949년 슈트라스부르크에서 랍비 지도자의 아들로 태어났다. 이스라엘의 평화운동가이자 저널리스트이다. 1984년 이스라엘과 팔레스타인의 평화운동가들을 아우르는 대안정보센터(AIC)를 창립했다. www.alternativenews.org

하다는 점도 생각할 필요가 있지요. 폭력은 더 큰 폭력을 부를 수 있으니까요.

앙드레 마티 이와 관련하여 한 가지를 지적하고 싶은데요. 인도주의적 국제법을 고려하는 게 중요할 것 같습니다. 민간인과 전투부대를 명확히 구분해야 한다는 기본 원칙 말이에요. 공격이 군대를 향하는가, 민간인들을 향하는가는 명백한 차이가 있어요. 그것이 무장 저항에 관한 중요하고 결정적인 기준이 되고 있습니다.

청중 질문 자신의 인도주의적 전통에 대해 자랑스러워하면서도 이스라엘의 우방이며 이스라엘과 무역을 하고, 심지어 군사협력까지 하는 스위스 정부에 대해 어떻게 생각하세요? 저는 그것 때문에 화가 납니다! 그에 대해 하실 말씀은요?

스테판 에셀 저도 마찬가지입니다! 우리의 정부, 그중에서도 최고를 자부하는 정부들은 늘 무기를 팔고 싶어 해요. 돈벌이가 되니까요. 그렇다면 누구에게 무기를 팝니까? 물론 친구들에게 팔죠! 그런데 이스라엘과 친구가 되지 말아야 할 이유가 어디 있습니까? 좋은 관계를 가진 나라인데? 따라서 그냥 무기를 팝시다! 하는 것이죠.
하지만 그다음에 그들이 이 무기로 무엇을 하는지, 누구에게 그 무기를 겨누는지를 정확히 본다면, 주의가 필요합니다. 우리는 우리의 민주정부들이 인권침해를 감지하고도 슬쩍 넘기는 걸 용인해서는 안 돼요. 이스라엘 같은 나라가 이런 권리를 존중하지 않는다면, 우리는 그에 대해 뭔가를 해야 합니다.

청중 질문 민주주의의 신봉자로서 유엔의 몇몇 나라들이 행사하는 거부권에 대해 어떻게 생각하십니까? 그런 제도가 우리 사회의 민주주의적 전통과 합치될 수 있다고 생각하시나요?

스테판 에셀 합치되기 어렵지요. 그러나 어떻게 된 일인지 설명할 수는 있어요. 유엔이 2차대전의 산물이라는 점을 고려해야 합니다. 2차대전의 종식은 한 나라의 공이 아니라, 전쟁에 참전한 많은 나라들이 함께 이끌어낸 것이었어요. 한편으로 소련 군대가 많은 기여를 하지 않았다면 전쟁은 끝나지 않았을 겁니다. 루스벨트는 파시즘과 나치즘에 대항한 이후, 이제 공동으로 우리가 원하는 것에 도달하기 위해 2차대전의 승전국들이 모두 함께 모일 수 있는 국제연합 같은 세계적인 기구가 필요하다는 걸 뼈저리게 느꼈어요. 그에 대해 우리는 루스벨트에게 아주 감사해야 합니다.

그런 기구를 만들기 위해서는 헌장이 필요했어요. 그리하여 1945년 6월 26일 샌프란시스코에서 모든 승전국들이 모여 국제연합 헌장을 조인했죠. 하지만 승전국들은 무엇보다도 자신들의 문제가 중요하게 고려되길 원했고, 그런 필요에 의해서 탄생된 기관이 바로 안전보장이사회였습니다. 2차대전에서 승전한 5개국은 언제든지 그들의 관심사에 맞지 않을 때는 안전보장이사회를 통해 안건을 거부할 수 있는 권리를 갖게 되었습니다.

문제는 오늘날에도 이렇게 거부권을 갖는 것이 정당한 일인가? 하는 것입니다. 이런 질문에는 확실히 "그렇지 않다"고 답할 수 있습니다! 2차대전이 종식된 당시에는 거부권이 다양한 승전국들을 결집시키는 데 꼭 필요한 수단이었어요. 아무도 다수의 횡포로 어려움에 빠지는 일을 용인하지 않았을 테니까요. 그렇게 해서 안전보장이사회와 거부권이 고안되었던 것입니다. 우리는 이런 거부권이 안전보장이사회에만 있다는 것도 생각해야 합니다. 유엔의 다른 조직들에서는 모두 한 나라 한 나라의 투표가 필수적입니다. 오로지 다수에 의해 결정될 뿐, 거부권은 존재하지 않습니다.

지금 우리는 유엔 개혁의 필요성을 인정할 준비가 되어 있습니까? 나는 15년 전부터 유엔이 시급히 개혁되어야 한다고 말해 왔습니다. 이를 위해 한 위원회에서 리하르트 폰 바이체커[31]와 이야기를 나누기도 했지요.

우리는 거부권을 폐지하거나 또는, 안전보장이사회 회원국을 15개국이 아니라 25개국으로 늘리는 방법을 생각했습니다. 상임이사국도 10개국으로 늘리고, 상임이사국에게 거부권 없이 특별권만 가지게 하면 어떨까……. 다른 회원국들 2/3가 찬성을 하면 자신들의 의견을 통과시킬 수 있는 특별권 말입니다. 그런 일들이 실행되면 유엔은 정

31 Richard von Weizsäcker. 1920년생. 1984년에 서독 대통령으로 선출되었고 1989년에 재선되었다. 헬무트 콜 총리와 함께 1990년 10월 3일의 역사적인 독일통일을 이끌어내는 데 주도적 역할을 담당했다. (편집자 주)

말로 개혁될 수 있을 텐데 말이죠.

지금으로서는 이런 안건을 통과시키기가 아주 힘듭니다. 하지만 조만간 그런 식의 움직임이 있을지도 모르는 일입니다. 그러면 우리는 오늘날까지지도 효력을 갖는 저 거부권을 없애버릴 수 있을 것입니다.

청중의 말 안녕하세요. 격려해 주시고 용기를 주셔서 감사합니다! 저는 남아프리카 출신으로 당시 남아공에 대한 보이콧[32]이 효과적인 압력수단이었다는 것을 강조하고 싶습니다. 그런 조치는 변화를 가져오는 데 도움이 되었어요. 그리고 에셀 씨 말이 전적으로 옳습니다. 소수라도 훨씬 더 많은 것을 할 수 있습니다. 용기 있게 말이죠.

스테판 에셀 좋은 예를 들어 주어 감사합니다! 전적으로 동감입니다. 우리는 역사로부터 배워야 해요. 우리는 당신이 들어 준 예를 어떻게 다른 나라에 적용할 수 있을지 생각해야 합니다.

청중 질문 에셀 씨, 그렇다면 유엔이 팔레스타인인들에게 다시금 거부권[33]을 행사하는 것을 어떻게 막을 것인지 구체적인 계획 같은 게 있으신가요?

스테판 에셀 바로 그게 문제예요. 일단은 기다려 봐야 할 것 같습니다. 하지만 당신의 질문은 아주 원칙적인 부분을 상기시켜 주는군요. 즉, 원칙적으로 어떻게 하면 뭔가를 이뤄 낼 수 있을까 하는 것 말입니다.

나는 오래전부터, 말도 중요하지만 행동은 더 중요하다고 주장해 왔습니다. 나는 평생 동안 강연을 해왔고, 따라서 말은 이미 많이 했어요. 나는 모든 연설에서 우리는 이러저러한 것을 해야 한다, 이러저러한 것을 이루어야 한다고 요구하지요. 그와 관련하여 늘 이런 질문이 뇌리를 스칩니다. 말을 어떻게 행동으로 옮길 것인가? 정녕 행동으로 뭔가를 이룰 수 있는가?

가령 나는 러셀 트리뷰널을 시민사회에 참여를 촉구하는 수단으로 여깁니다. 이스라엘과 팔레스타인의 엄청난 갈등 속에서 팔레스타인을 위한 행동을 하는 것은 쉽지 않습니다. 이스라엘을 위하는 사람은 많지만 팔레스타인인들을 위하는 사람은 없어요. 많은 사람들이 팔레스타인인들뿐 아니라 다른 민족들도 힘들다고, 그러니 최소한 이스라엘이라도 잘되는 것에 기뻐해야 한다고 말하지요! 많은 사람들이 그런 의견을 표명하기 때문에 그들을 만나 이야기하는 것은 쉬운 일이 아니에요. 그러나 그런 식으로 계속되어서는 안 됩니다.

최근 아주 기쁘고 감명을 받았던 일이 하나 있는데, 그 일을 말하고

32 1976년 남아공 '소웨토(Soweto)'에서 시작된 흑인 시위와 유혈 진압은 국제사회에 인종차별의 심각성을 알리는 계기가 되었다. 1977년 5월 유엔 안보리는 '아파르트헤이트(Apartheid, 남아공 인종차별정책) 폐지 요구 결의안을 만장일치로 채택한다. 세계 곳곳에서 남아공 상품들이 외면 당하면서 위기가 장기화되자 백인 정부는 결국 1990년에 넬슨 만델라를 석방했고, 1991년엔 백인 의회가 아파르트헤이트를 폐지하기에 이른다. 취리히의 청중은 '소웨토 봉기'(1976)에서 만델라 대통령 당선(1994)에 이르는 기간 동안의 유엔의 역할에 대해 말하고 있는 듯하다. (편집자 주)

33 미국은 이스라엘의 군사행동 중단과 점령지로부터 철수를 요구하는 유엔 결의안에 대해 수십 차례나 거부권을 행사해 왔다. 팔레스타인의 유엔 회원국 가입 역시 미국의 반대로 인해 표류하고 있는 중이다. (편집자 주)

싶군요. 이스라엘인들이 텔아비브의 로트쉴트 거리에 모여 정부를 규탄하는 시위를 했습니다. 그곳에서 벌어지고 있는 일들을 더 이상 참을 수 없다고 말이죠. 그래요, 물론 그들이 시위를 한 이유는 단지 치즈 값이 너무 올랐기 때문이었어요!

그러나 치즈 값이 왜 그렇게 비싸졌는지를 생각하다가 이스라엘 정부가 많은 돈을 차할[34]과 팔레스타인 점령에 지출하다 보니 이스라엘 경제가 힘들다는 생각에 이르면, 서서히 이런 정부가 좋은 정부인가, 다른 정부가 들어서야 하지 않을까라고 자문하게 될 겁니다. 그렇게 진보하게 되는 것이죠!

청중 질문 최근의 평화 프로세스[35]에 대한 에셀 씨의 입장이 궁금합니다. 그리고 해결책을 찾기 위해 당신이 양쪽에 무엇을 권하고 있는지도 말씀해 주십시오.

앙드레 마티 이스라엘과 팔레스타인 문제를 말하는 것 같은데요. '평화 프로세스'라는 말은 특별한 말이지만, 한번 질문에 대해 생각해 보기로 할까요, 에셀 씨.

스테판 에셀 나는 평화 프로세스를 전혀 불가능하다고 보지 않습니다. 하지만 이스라엘에 압력을 행사하는 것만으로는 충분한 것 같지 않아요. 물론 이미 말했듯 나도 압력에 적극 동참할 의무를 느끼지만요.

인권침해는 어떤 경우에도 용인될 수 없는 것임을 이스라엘에 보여줘야 합니다. 이스라엘인들은 스스로 자신들이 원하는 것을 알고 있고, 남들이 자신들에게 이래라 저래라 해서는 안 된다고 생각하고 있어요. 그러므로 문제는, 반대로 팔레스타인인들이 그들이 이미 한 것 외에 다른 것을 할 수 있는가 하는 점이지요. 그리고 그 대답은 "예"입니다. 그들은 더 많은 것을 함께할 수 있습니다. 그런 일은 하마스(HAMAS)와 파타(Fatah)의 연합(이슬람 강경 무장조직 하마스와 마무드 압바스 팔레스타인 자치정부 수반이 이끄는 온건 정파 파타의 통합정부 구성 합의[2011]를 말함-역주)으로 이미 일어났고, 비교적 쉽게 이루어졌지요.

그러나 정말로 평화 프로세스 쪽으로 갈 수 있는 유일한 방법은 이스라엘 정부의 변화일 겁니다. 이스라엘은 지금 베냐민 네타냐후 총리와 아비그도르 리베르만[36] 외무장관으로 그 어느 때보다도 강경한 우파정부가 구성되어 있어요.

이스라엘인들은 이미 그들에 대한 세계인들의 사랑이 점점 식어 가고 있다고 느낄 수도 있습니다. 가령 동맹국이었던 터키마저도 그들을 더 이상 돕지 않거든요. 그러는 동안에 이스라엘을 돕는 '미국-이스

34 Tsahal. 이스라엘 군대

35 2003년에 미국, 러시아, 유엔, EU 등 이른바 '4자 기구(Quartet)'의 지원 아래 출범한 중동평화프로세스(MEPP : Middle East Peace Process)를 말함. '중동평화 로드맵'이라고도 부른다. 애초 목표는 2005년까지 평화를 정착시키는 것이었으나 세부계획이 불분명하고 당사국들과 주변 강대국들의 이해관계까지 얽혀서 진전을 이루지 못하고 있다. (편집자 주)

36 Avigdor Lieberman. 1958년생. 현재 이스라엘 외무장관. 우파 민족주의 성향을 띤 정치인으로 이민자 출신이다. 평화 프로세스에 대한 발언으로 세계적인 분노를 자아냈다.

라엘 공공정책위원회'[37]뿐 아니라, 이스라엘에 대해 더 이상 좋게 생각하지 않는 'J STREET'[38]도 생겨났어요.

장기적으로 이스라엘은 어쩔 수 없이 다른 방법을 모색하든지, 안보가 최우선이라고 되뇌이게 될 것입니다. 그러나 그것은 그들이 이웃과 평화로운 관계를 가질 때만이 보장될 수 있습니다. 이스라엘이 그렇게 말한다면, 이스라엘은 곧장 모든 나라들의 협조를 얻게 될 겁니다. 이스라엘이 팔레스타인이라는 나라와 나란히 평화롭게 공존할 수 있으며, 이스라엘이 미래의 수도인 서(西)예루살렘을 잃지 않고, 예루살렘을 서쪽과 동쪽으로 양분할 수 있다는 확신에 이른다면, 예루살렘 안에서 아브라함의 세 종교[39]가 하나가 될 수 있다면, 이스라엘에겐 진정한 진보가 이루어지게 되는 것이겠죠.

하지만 이스라엘 사람들이 정말로 그런 생각에 도달할 수 있을까요? 나는 그것이 결코 불가능하지 않다고 봅니다. 역사상 가장 최악의 정부라도 더 나은 것을 위해 자신의 입장을 철회하곤 했습니다.

나는 물론 유럽, 미국, 국제연합이 이스라엘에게 반대를 표시하고 자신들의 의지를 표명해 주기를 인내심 있게 기다립니다. 또한 해를 거듭할수록 자신들에게 더 유리하게 되기는커녕 더 나빠질 거라는 걸 이스라엘이 이해하게 되기를 소망합니다. 현재의 정책으로는 세계인들의 사랑을 받지 못하며 정책을 바꾸어야 한다는 결론에 이르러야 합니다. 그렇게 되면 아주 멋질 거예요.

그러나 유감스럽게도 아직은 그런 모습이 보이지 않는군요!

청중 질문 에셀 씨, 그러니까 솔직히 당신은 두 국가 해법(two-state solution)[40]을 생각하시는 거네요?

스테판 에셀 물론 인권의 의미에서 볼 때는 한 국가 해법(one-state solution)이 가장 좋겠지요. 사회들이 조화롭게 어우러지는 나라! 그러나 그런 해법은 이스라엘이 순수 유대인으로 이루어진, 주로 유대인으로 구성된 국가이기를 포기할 때만이 가능합니다. 한 국가 해법에서는 처음에는 그렇지 않겠지만 몇 년만 지나면 이스라엘인이 소수가 될 거예요. 그리고 그것은 또한 이 나라가 더 이상 전 세계의 유대인이 고향처럼 편하게 느낄 수 있는 장소가 아니게 된다는 의미입니다. 하지만 그렇게 보는 것은 영토에 대한 종교적 관계만 고려한 것이지 국가적 관계를 고려한 시각은 아닙니다. 그것에 대해서는 생각을 좀 해봐야 할 것입니다.

아무튼 언젠가 이스라엘이 현대의 바람직한 민주주의를 깨닫고, 유

37 AIPAC. American Israel Public Affairs Committee. 친 이스라엘 로비 단체

38 2008년에 설립된 미국 시민단체. 목표는 중동 갈등을 외교적으로 평화롭게 조정하는 것이다. 군사적 대치 대신 외교에 중점을 둔 새로운 방향으로 미국의 정책을 전환할 것을 요구한다.

39 유대교, 이슬람교, 기독교를 말함. 구약 「창세기」에 따르면 아브라함의 아들들 중 이삭의 자손들은 유대인, 이스마엘의 자손들은 아랍인이다. 기독교인들 또한 스스로를 '믿음의 조상' 아브라함의 후손으로 여긴다. (편집자 주)

40 이스라엘과 팔레스타인이 서로를 인정하고 팔레스타인이 독립 국가를 건설함으로써 평화로운 공존을 도모한다는 것으로, '중동평화 로드맵'의 핵심을 이룬다. 미국은 이스라엘의 강력한 반대에도 불구하고 공화·민주 양당 모두 '두 국가 해법'을 지지하고 있다. 그러나 2012년 9월에 공개된 롬니 공화당 대선후보의 '몰카 동영상'에서 롬니는 "이스라엘에 양보를 강요하는 '두 국가 해법'은 최악의 아이디어"라고 비난함으로써 미국 우파의 속마음을 여지없이 드러내고 말았다. (편집자 주)

대인이 꼭 다수를 이루어야 할 필요가 없으며 다수의 무슬림과도 살 수 있다고 말할 날이 오리라 믿습니다. 하지만 현재로선 한 국가 해법은 아직 개연성이 없다고 생각해요. 현재로서는 두 국가 해법이 유일한 해결책이라고 생각합니다.

청중 발언 존경하는 에셀 씨, 저는 질문이 아니라 감사의 말씀을 좀 드리고 싶네요. 밝고 명확한 목소리로 진실을 표명해 주시는 것에 감사드려요. 특히 파라데플라츠 점거 조직에 관심을 가져 주시고 여러 번 언급해 주신 것 감사드립니다. 조직 전체를 대표하여, 당신이 우리를 대하듯 우리가 그렇게 사랑스럽고 밝은 태도로 서로를 대하는 모습을 그려 보시라고 권해 드립니다. 여기 이 홀에서 금융산업으로부터 비롯된 일들에 대해 분노하는 모든 사람들에게 우리의 조직을 소개하고 싶습니다. 감사합니다.

앙드레 마티 다시 몇 분의 질문을 받겠습니다.

청중 질문 우리는 현재 '대후퇴'라 불리는 경제위기 가운데 있습니다. 사람들은 지금의 위기가 악화되어 1929년 대공황 때처럼 되지 않을까 우려하고 있어요. 이와 동시에 다시금 내셔널리즘과 네오파시즘이 부상하여 의회에까지 들어왔습니다. 이탈리아, 헝가리를 비롯한 동유럽권, 스칸디나비아, 스위스 역시 그렇습니다. 에셀 씨가 이런 질문에 답해 주실 적격자라고 생각이 되는데요. 여태껏 살아오신 세월에 비추어 이런 상황들이 얼마나 심각하다고 보십니까?

스테판 에셀 현 상황은 아주 위험합니다. 우리는 현재 은행의 위기, 시장경제와 금융경제 위기 가운데 있어요. 위기는 아직 극복되지 않았습니다. 동시에 지금까지 민주적으로 통제되지 못한 금융권력의 부상과 더불어 다시금 내셔널리즘 그룹과 파시즘을 배경으로 하는 그룹들이 등장하고 있어요.

이 모든 것들은 아주 위험합니다. 그러나 아마도 우리가 아직 이해하지 못한 것을 이해하게 될 날이 곧 올 것입니다. 즉 신자유주의 경제가 종식되고, 존 메이너드 케인즈[41]가 밀턴 프리드먼[42]의 대항마로 다시금 부상할 날이 멀지 않았어요! 우리는 이 일을 위해 노력해야 합니다.

프랑스는 내년에 대통령 선거가 있고, 여름에는 유엔 지속가능발전회의(리오+20)가 개최됩니다. 그 회의에서 우리는 지구에 위험이 얼마나 만연하고 있고 심각성은 어느 정도인지를 다시 한 번 정확히 알게 될 것입니다.

나는 요즘 지구상에 곡물과 식수가 부족해지면 얼마나 위험해지는

41 John Maynard Keynes(1883~1946). 영국 경제학자. 케인즈의 사상에 기초한 경제학을 케인즈주의 혹은 케인즈 경제학이라 한다. 국고 관리와 재정정책 등을 통해 국가가 적극 개입하는 국민경제와 복지국가를 목표로 한다.

42 Milton Friedman(1912~2006). 자유주의적 경제활동을 주창했던 미국의 유명한 경제학자. 신자유주의의 아버지. 저서 『자본주의와 자유』(1962)에서 그는 국가의 경제 개입을 최소화하고 공공부문을 최대한 민영화해야 한다고 주장하였다.

1%에게 세금을
99%에게 복지를

신자유주의❹ 고장 수리를 위한 짧은 매뉴얼 (대한문, 2011) ⓒ 이상엽

지, 기후 변동이 심해지면 어떻게 되는지를 다루는 책들을 많이 읽고 있습니다. 우리는 그런 이슈에 관심을 갖게 하는 책들을 더 많이 읽어야 합니다. 그러면 우리는 깨어나게 될 겁니다! 이런 위험들에 더 이상 무방비 상태로 노출되지 않기 위해, 우리는 반드시 잠에서 깨어나야 합니다.

청중 질문 에셀 씨, 당신이 정말로 놀랍습니다! 오래오래 장수하시고, 새로운 젊음을 누리시고, 모든 일이 잘되시길, 건강하고 행복하시길 기원합니다. 당신은 우리 모두에게 희망을 주었어요. 당신은 우리의 젊음을 일깨워 주셨고, 우리는 새로운 힘을 얻었습니다.
저는 이 자리에서 "21세기는 종교의 세기가 되거나, 도무지 그렇게 되지 않거나 할 것이다"라고 했던 앙드레 말로[43]의 말을 기억하고 싶습니다. 이 말에 대한 에셀 씨의 의견을 듣고 싶습니다.

스테판 에셀 상당히 문제성 있는 테마라고 생각합니다. 종교는 아주 위험해질 수 있기 때문이지요. 저는 유일신교를 신봉하지 않아요. 인류 역사상 우리가 알고 있는 유일신교는 인류에게 진보보다는 위험을 더 많이 초래했다고 생각합니다.
물론 유일신교는 사상의 진보와 인간상의 진보에 크게 기여했어요. 하지만 종교들이 자신의 신만이 유일하고 타 종교는 무용지물이라고 선언한다면, 우리는 아마도 앙드레 말로가 예견했던 위험 앞에 서게 될 것입니다. 프랜시스 후쿠야마[44]는 다른 방식으로 그것을 테마화했죠. 그는 21세기는 문명이 갈등하는 세기가 될 것이라고 했습니다. 그런 시각은 극복되어야 합니다. 그리고 나는 정확히 그 반대의 현상을 확인하게 됩니다! 나는 금세기 종교들의 실존에 관한 한 말로가 옳다고 생각해요. 하지만 아랍의 봄이 이슬람주의로 귀결되지 않고 샤리아를 민주주의 가치와 연결시키려는 모습을 보는 것은 제게 특별한 행복입니다. 그러므로, 물론 21세기에도 종교들은 존재하겠지만, 그들이 세계인권선언 1조에 명시된 대로 서로 "형제자매의 정신으로" 살기를 희망할 수 있습니다.

청중 질문 에셀 씨, 당신은 젊은 시절 반유대주의를 경험했는데요. 오늘날 우리는 이슬람 혐오증(이슬라모포비아, Islamophobia)이 거론되는 시대에 살고 있어요. 스위스의 한 선거 포스터에서는 모스크 첨탑이 미사일 모양으로 묘사되기도 했고, 덴마크에서는 무함마드(마호메트)를 풍자한 만화가 파장을 일으키기도 했고……. 이런 예들은 무수히 많지요. 그에 대해 어떻게 생각하세요? 우려하고 계신가요?

스테판 에셀 네. 내셔널리즘과 이슬람 혐오증, 앞으로 있을 새로운 반유대주의의 부상에 대해 우려하고 있습니다. 이런 식의 행동방식은 인

43 André Malraux(1901~1976). 프랑스 문필가이자 정치가. 드골 대통령 밑에서 1969년까지 문화부장관을 지냈다. 흔히 앙드레 말로가 이런 말을 했다고 전해지는데, 사실 앙드레 말로는 이런 말을 한 적이 없다.

44 Francis Fukuyama. 1952년 시카고 출생. 미국 정치학자. 저서로 『역사의 종말』(1992), 『공자와 시장경제: 문명 갈등』(1995) 등이 있다.

류사에서 언제나 있어 왔지요. 누구 책임일까요? 최근 우리 사회의 경우는 교육제도가 문제인 것 같습니다. 남보다 나아지는 것, 남보다 강해지는 것, 다른 사람을 이기고 살아남는 것에 너무 많은 비중을 두었어요.

나는 늘 '인간의 마음'을 이야기하는데, 지난 몇십 년간 이기심이 거의 부추겨지다시피 했습니다. 경제계에서는 경쟁이 너무나 중요해졌죠. 젊은이들은 학교를 졸업하자마자 최상의 일자리를 얻으려고 안간힘을 써요. 그렇지 않으면 무능한 것 같은 느낌이 들기 때문이죠.

물론 직장이 필요합니다. 하지만 개인생활, 예술과 문화를 가꾸는 것은 중요성을 잃어버렸어요. 야누슈 코르착[45]을 비롯한 뛰어난 교육자들의 교육관을 달성하기 위해서는, 즉 새로운 형식의 교육을 하기 위해서는 뭔가 바꾸어야 합니다. 우리는 다음 세대들이—나는 증손주가 다섯이에요. 이제 세 살, 네 살, 다섯 살, 여섯 살, 일곱 살이죠—경쟁으로 점철되지 않은 훈훈한 마음을 갖도록 이들을 교육하고 사회를 그렇게 이끌어야 합니다.

청중 여러분께 묻겠습니다. 그것이 가능할까요? 아니면 너무나 유토피아적인 망상일까요? 대답해 보십시오, 여러분!

앙드레 마티 이제 마지막 질문을 받겠습니다.

청중 질문 에셀 씨께서는 금융권력에 대해 분노하고 계신데요. 당신이 말씀하셨듯 문제가 더 이상 한 국가 차원에서 해결될 수 없다고 한다면, 국가를 초월한 협력을 상상하고 계신 건가요? 이런 상황에서 우리 각 개인이 무엇을 할 수 있을까요? 물론 당신은 정치에 참여하는 것에 가치를 두고 계시지만요.

스테판 에셀 네, 맞습니다. 이런 문제는 국제적인 차원에서만 해결할 수 있어요. 그렇다면 우리가 해결하는 데 필요한 도구나 수단을 가지고 있는가? 라는 질문이 제기되죠.

그런 질문에 대해 나는 "그렇다. 가지고 있다!" 라고 말합니다. 우리에겐 세계무역기구뿐 아니라 유엔 인권위원회도 있고 국제통화기금(IMF)도 있고 세계은행도 있습니다. 주요국들이 협력을 해준다면 이런 다양한 조직과 기구들이 해결책을 마련할 수 있을 겁니다.

현재의 위기에서 벗어나기 위해 주요국들은 이제 전 세계적인 노력과 새로운 국제적 결정들이 필요하다는 걸 인정해야 합니다. 협력을 통해 세계경제의 글로벌한 균형을 실현할 수 있을 것입니다!

오늘날 세계 곳곳에서는 프레카리아트[46]가 증가하고 있습니다. 비정규직 문제가 심각합니다. 빈부격차가 엄청나게 벌어지고 있고, 이런 상황은 모두가 함께 전진하는 것을 불가능하게 합니다. 그러나 많은 사람들은, 또한 많은 정치가들은 균형 잡힌 글로벌 경제의 필요성을

45 Janusz Korczak(1878~1942). 폴란드의 의사, 아동문학가이자 저명한 교육자. 의사의 길을 포기하고 유대인 고아들을 돌보다가 돌보던 아이들과 함께 강제수용소에서 죽음을 맞이하였다.

46 Precarious(불안정한)+proletariat(노동계급). 신자유주의 체제하에서 국제적으로 급증한 비정규직, 파견직, 실업자 등 말 그대로 불안정한 고용 상태에 놓여 있는 노동자들을 일컫는 말. (편집자 주)

느끼고 있습니다.

모든 정치가들을 나쁘게 생각해서는 안 돼요. 그와 정반대입니다. 많은 정치가들은 좋은 생각을 가지고 있고, 글로벌 경제위기 앞에서 뭔가 하고 싶어 합니다. 그러나 그들은 충분한 합의를 이룰 수가 없어요. 재선을 염두에 두어야 하기 때문이지요. 그러므로 정치가들은 우선 자기 나라만 생각하고 다른 나라를 생각할 겨를이 없습니다.

프랑스의 문필가이자 철학자인 몽테스키외는 언젠가 이렇게 말했습니다.

"내게는 좋지만 가족에게 나쁜 것을 알게 되었을 때 나는 안 된다고 말한다. 가족에게 좋지만 조국에게 나쁜 것을 알게 되었을 때도 안 된다고 말한다. 내 조국에는 좋지만 이 세계에 나쁜 것을 알게 되었을 때도 마찬가지로 안 된다고 말한다."[47]

바로 이런 자세가 우리가 필요로 하는 올바른 세계시민의 자세라 할 수 있겠지요.

앙드레 마티 자, 에셀 씨! 토론을 더 계속할 수도 있겠지만, 이 정도면 우리가 이제 당신에게 받은 메시지를 가지고 집으로 돌아갈 수 있을 것

47 원문은 다음과 같다. "만약 나에게 이롭고 내 가족에게는 해로운 무언가를 안다면 난 그것을 마음으로부터 거절할 것이다. 만약 내 가족에겐 이롭고 내 조국에는 해로운 무언가를 안다면 난 그것을 잊으려 노력할 것이다. 만약 내 조국에 이롭고 유럽에 해롭거나, 유럽에 이롭지만 인류에 해로운 무언가를 안다면, 난 그것을 범죄로 간주할 것이다." (샤를 드 몽테스키외, 『Mes Pensées(나의 생각들』 No.741)

같습니다. 물론 돌아가는 중에 생각하는 건 멈추지 않고 말이죠. 자, 이제 헤어지면서 에셀 씨가 "작은 책"이라 부르는 책의 마지막 문장을 청중들이 가는 길에 선사해 주셨으면 좋겠습니다.
에셀 씨가 직접 읽어 주시겠어요?

스테판 에셀 좋지요. "저항, 그것은 창조이며 창조, 그것은 저항이다!" 텍스트 속에서 읽지 않으면 굉장히 추상적인 문장입니다. 이 문장은 무슨 뜻일까요? 창조는 언제나 저항에 부딪히고 저항은 뭔가를 창조할 때만 실현된다는 것을 생각하며, 마티 씨를 비롯한 귀한 청중들과 작별을 하고자 합니다.
자, 다시 일어나 저항하고 창조합시다!

신자유주의❺ 폐허에 남은 비정규직의 비애 (기륭전자, 2010) ⓒ 이상엽

3

공감하라! 지속적으로 항의하라!

| 롤란트 메르크와의 대담 |

파리에서 만난 스테판 에셀(오른쪽)과 롤란트 메르크, 2012년 2월 말

롤란트 메르크 에셀 씨, 취리히 연설에서 당신은 "어떤 나라도 전체의 글로벌 사회와 연결되지 않고 혼자서 해나갈 수 없다. 이것이 우리 시대의 새로운 점이다. 우리는 우리 시대의 문제를 해결하는 방법을 배워야 하고, 그것을 위해 공동으로 노력해야 한다"고 강조하셨는데요. 그렇다면 이제 당신과 더불어 우리 시대의 새로운 점을 알아보고, 시대가 우리에게 요구하는 것이 무엇인지 이야기해 보고 싶습니다.
당신의 책 『분노하라』와 『참여하라』가 출간된 후 당신은 이른바 '상호 의존된 세계'에서 성공적으로 살아가기 위해서는 구체적으로 어떻게 살아야 하느냐는 질문에 천착하고 계신데요. 또한 취리히 연설에서는 "다른 모든 이들에 대한 공감 위에 구축된 세계를 만들어 나가야 한다"라고 하셨습니다.
상호 의존된 세계에서 살아간다는 것을 강조하면 세계 속 인간의 지위와 인간에 대한 요구 목록도 변화하게 됩니다. 2011년 말, 프랑스어로 출판된 『Tous comptes faits...ou presque(전부... 또는 거의)』[48]에서 당신은 "분노는 첫 단추다. 필요하지만 불완전하다. 다르게 만들 수 있는 생각과 시각이 필요하다!"고 쓰셨습니다. 함께 대화를 해나가면서 새로운 시각을 얻고, 당신 속에 있는 새로운 생각들을 더 정리해 보고 싶습니다.

48 독일어 제목은 『Empörung－Meine Bilanz(분노－나의 결산)』(2012)

49 편집자 롤란트 메르크가 튀니지 및 이집트 작가들과 공동으로 펴낸 저서 『Arabesken der Revolution. Zornige Tage in Tunis und Kairo...(혁명의 아라베스크. 튀니스와 카이로에서의 분노의 날들)』(2011) 참조

에셀 씨 역시 최근 저와 마찬가지로 튀니지[49]에 다녀오셨으니, 글로벌 사회에 커다란 의미가 있는 아랍의 봄으로 시작해 볼까 하는데요?

스테판 에셀 예, 좋습니다.

롤란트 메르크 타흐리르 광장[50]에서 월가까지, 그리스와 스페인을 거쳐 독일에 이르기까지 지구민들이 분노하고 있습니다. 당신의 책 『분노하라』는 2010년 가을 프랑스에서 출판되었고요. 2011년 아랍과 서구에서 표출된 분노의 물결을 예상할 수 있으셨습니까? 아니면 많이 놀라셨나요?

스테판 에셀 많이 놀랐습니다. 하지만 몇 달 전부터 저는 30쪽밖에 되지 않는 나의 작은 책이 프랑스, 독일뿐 아니라 다른 많은 나라에서도 그런 영향력을 끼칠 수 있었던 이유를 찾고 있습니다. 이 놀랄 만한 효과는 무엇 때문일까요? 아무래도 우리 모두는 21세기의 첫 10년간 아주 불안한 세계 속에서 살고 있었던 듯합니다.
우리 모두는 우리가 커다란 경제위기를 겪고 있다는 것을 압니다. 위기가 좀 누그러들었는지 여전히 위세를 떨치고 있는지는 잘 모르겠지만, 최소한 많은 사람들이 불안하게 느끼고 있는 상황인 건 확실합니다. 이럴 때 사람들에게 우리가 분노해야 한다고, 우리의 품위와 인간으로서의 존엄이 침해당했으니 화를 내야 한다고 말하면 사람들은 그 말을 들어요. 물론 분노하라는 요구만으로는 충분하지 않습니다. 무엇에, 어떤 큰 위험에 분노해야 하는지 알려주어야 하지요.

내 책이 나온 지 불과 몇 달 만에 아랍의 봄이 왔습니다. 우선 튀니지와 이집트에서 봉기가 일어났고, 리비아와 시리아가 뒤따랐지요. 또한 지중해 연안의 몇몇 국가에서는 정부가 지금까지 해온 대로 해서는 안 된다는 목소리가 높아졌어요. 그래서 그런지 내 책이 스페인에서는 카탈루냐어뿐 아니라 스페인의 다른 언어들로도 번역되었습니다.[51]

롤란트 메르크 튀니지와 카이로의 구호는 "데가게!(물러가!)", "키파야!(그만해!)", "게임 오버!" 였지요. 스페인에서는 당신의 책 『분노하라』와 관계가 있어서, 시위대에 '분노한 사람들(Los Indignados)' 이라는 이름이 붙었고요. 지구촌 곳곳의 이런 상황으로 미루어 볼 때 우리는 글로벌 분노의 전야에 와 있는 거라고 할 수 있을까요?

스테판 에셀 네, 이 시대의 상황들은 공통된 원인에서 비롯됩니다. 그 원인은 금융권력이 맹위를 떨치고 있다는 것이지요. 금융권력은 투명하지도 않고, 정책적으로 규제되지도 않습니다. 많은 사람들은 더 이상 정부를 신뢰할 수 없다고 이야기해요. 정부가 금융권력의 영향력을

50 Tahrir-Platz. 이집트 수도 카이로 중심지에 있는 광장. 여기에선 독재자 무바라크의 퇴진을 불러왔던 2011년의 이집트 민주화 시위를 가리킨다. (편집자 주)

51 스페인에는 공용어인 스페인어 외에도 카탈루냐어, 바스크어, 갈리시아어, 아란어 같은 지역공용어들이 있으며, 그밖에도 다수의 비공식 지역어들이 있다. (편집자 주)

막아 줄 수도 없고, 스스로 위기를 극복할 수도 없다고요. 글로벌한 상황입니다. 그리하여 튀니지와 이집트 같은 독재국가뿐 아니라 그리스, 아일랜드, 스페인, 프랑스 같은 민주국가에서도 분노가 있는 것이지요.

롤란트 메르크 타흐리르 광장의 행동가들은 월가 점령시위대에게 '카이로에서의 연대 서한(Solidarity Letter from Cairo)'이라는 제목의 편지를 보냈어요. 그 편지에 그들은 "지구 전역에 흩어져 사는 한 세대 전체는 기존의 질서 앞에서 감정적으로나 이성적으로나 미래가 없다고 느끼면서 성장해 왔다"고 적었지요. 이집트의 행동가들은 무바라크 정권 때 세계은행과 IMF가 이집트에 권유했던 구조조정 정책과 그로 인해 이집트의 공공서비스가 매각된 일을 지적하고 있습니다.
채무 및 긴축정책과 관련하여 이제 서구도 마찬가지 현실을 겪고 있습니다. 이에 대해 어떻게 생각하시나요?

스테판 에셀 본질적인 지적이로군요. 우리의 문제는 더 이상 한 국가 차원에서는 해결할 수 없는 것들입니다. 튀니지도, 이집트도, 유럽도……. 유럽연합이 강대하니까 유럽 국가들의 문제를 해결할 수 있지 않을까 하는 희망조차 의심스러워지고 있어요.
그리스, 스페인, 이탈리아에서 일어났고 다른 국가들에서도 일어날 수 있는 일들은 특정한 세계 질서와 관계되어 있습니다. 이런 세계 질서를 특징짓는 커다란 위험이 두 가지인데, 하나는 막대한 부이고 하

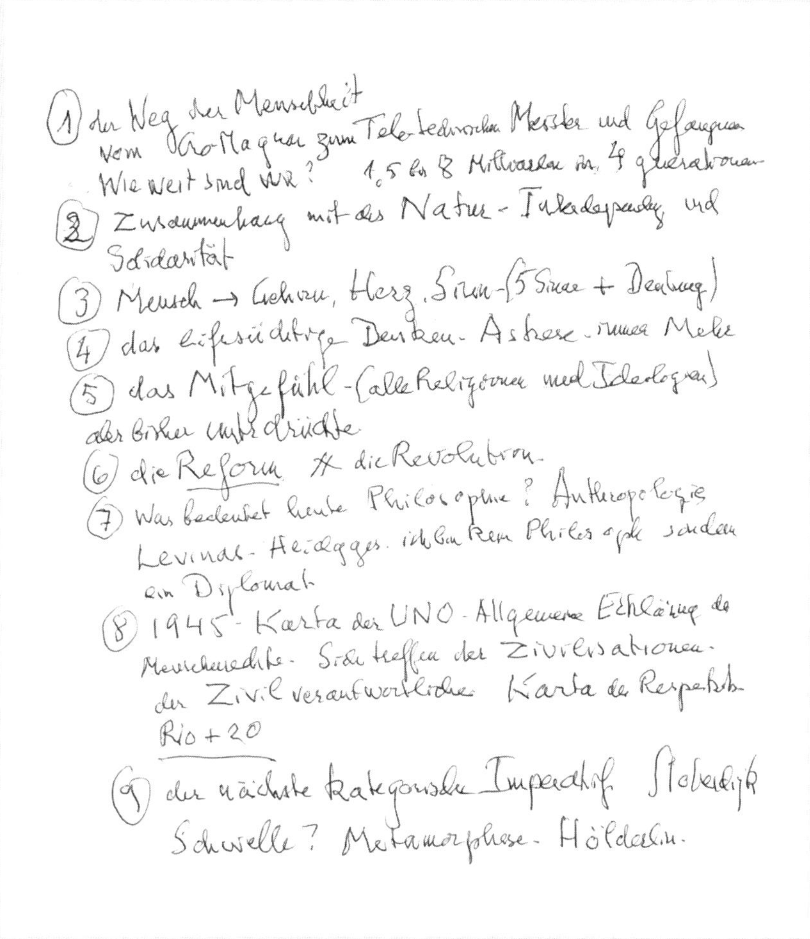

롤란트 메르크와의 대담을 준비하며 스테판 에셀이 적어 놓은 메모

고액
등록금
비리
재단

신자유주의❻ 누가 청춘들의 목을 옥죄는가! (서울시청 앞, 2012) ⓒ 이상엽

나는 전대미문의 빈곤입니다. 월가 점령시위대의 "우리는 99퍼센트다"라는 슬로건은 그 점을 풍자하고 있어요. 커다란 빈부격차는 우리가 극복해야만 하는 위험입니다.

롤란트 메르크 타흐리르 광장 사람들과 월가의 사람들이 서로 의사소통을 한다는 것은 놀랍지 않습니까? 얼마 전까지만 해도 '문명의 충돌(Clash of Civilization)'에 대해서만 이야기했었는데요.

스테판 에셀 맞아요. 하지만 이제 변할 겁니다. 새뮤얼 헌팅턴[52]이 주장한 '문명의 충돌', 즉 서로 다른 문화가 충돌할 거라는 생각은 더 이상 현실에 맞지 않아요. 가령 튀니지의 엔나흐다 정당이 이슬람주의가 아니라 이슬람 민주주의를 원한다고 즉각 강조했던 것은 아주 의미심장합니다. 그것은 각 사람의 필요, 또한 세계시민 각각의 필요는 어디서나 동일하다는 것을 의미하지요.
핵심적인 메시지는 "이제 인간의 기본 문제들이 해결되어야 한다! 따라서 식량의 생산과 분배와 관련한 문제들, 경제와 건강과 교육 문제들이 해결되어야 한다!"는 겁니다. 독재자든 민주주의자든 간에, 통치자들이 이를 명심하지 않는다면 분노를 사게 될 것입니다. 모든 시민들의 상당히 일반화된 분노를 말이지요.

52 Samuel Phillips Huntington(1927~2008). 정치학자이자 저술가. 1998년까지 미 국무부 자문역을 맡았다. 그의 유명한 저서 『문명의 충돌(The Clash of Civilizations and the Remaking of World Order』은 1998년에 출간되었다.

물론 각국의 상황은 서로 달라요. 서로 비교할 수가 없습니다. 하지만 어쨌든, 이런 상황이 계속되지 않도록 저항을 해야 한다는 생각은 널리 확산되어 있습니다.
나는 취리히 연설에서 현재 세계를 위협하고 있는 위험들에 대해 이야기했어요. 점점 더 크게 벌어지는 빈부의 격차에 대해, 그러나 더 위험한 것은 우리가 우리의 행성 지구를 취급하는 방식일 거라고 말이죠. 식수는 점점 고갈되어 가고, 에너지 공급 내지 핵에너지는 엄청난 문제예요.
우리의 문제는 글로벌한 것들입니다. 그에 반해 분노는 지역적이에요. 하지만 분노의 총합은 뭔가 글로벌한 것을, 글로벌한 문제와 위험을 시사하지요.

롤란트 메르크 2011년에 두 가지 반증이 있었습니다. 우선 튀니지와 이집트의 혁명은 9.11 이래로 나돌고 있던 이슬람과 아랍에 대한 서구의 편견을 반증했어요. 튀니지와 이집트의 평화로운 혁명은 9.11 이래 서구 언론이 퍼뜨렸던 이슬람인들에 대한 이미지와는 아주 다른 모습을 보여주었으니까요. 우리는 독재자에 대항하여 투쟁하는 사람들의 모습을 보도를 통해 똑똑히 볼 수 있었지요.
그 뒤 후쿠시마 원전사고는 기술에 대한 우리의 맹신에 찬물을 끼얹었습니다. 서구에 문제가 있는 걸까요? 어느 정도까지 자기 비판적인 자세를 견지해야 하는 거죠? 요즘 서구는 계속 충격을 받고 있습니다.

스테판 에셀 내 생각에 서구는 더 이상 10년 전과 같지 않아요. 서구는 그동안 세계사를 결정해 왔습니다. 서구가 잘되면 세계도 잘되었고, 서구가 좋지 않으면 세계도 나빴지요. 하지만 오늘날은 더 이상 그렇지 않습니다.

오늘날 우리는 중국이 위기에 처한 유럽을 경제적으로 도와줄 수 있지 않을까 생각하게 될 정도로 중국이 중요해진 세계에 살고 있어요. 브라질, 러시아, 인도, 중국, 이른바 '브릭스(BRICs)'는 점점 더 중요한 역할을 하고 있지요. 서구는 이제 주요국들의 콘서트에서 평범한 나라들 중 하나가 될 것에 대비를 해야 합니다. 그렇게 되면 유럽과 서구가 대변하는 가치에 대한 관점도 달라질 거예요.

서구는 인권과 같은 기본 가치들을 지킬 수 있어야 합니다. 그러려면 이런 가치들을 다른 문화들과 연결시켜야 하지요. 아랍의 봄에서 바람직한 것은 단순히 이슬람의 미래만 생각하지 않고, 이슬람을 민주주의와 연결시키려 한다는 점이에요. 우리가 이슬람 세계의 바람에 귀를 기울이면 그들과 더불어 민주적인 길로 나아갈 수 있다는 뜻입니다.

물론 그건 내가 특히나 바라는 일이죠. 1948년 세계인권선언문 작성에 참가한 개인적인 삶의 이력과 통하는 일이니까요. 미래는 인권의 시대가 되어야 합니다. 이것이 내가 가장 바라는 것입니다.

롤란트 메르크 하지만 그 역시 쉬운 일은 아닙니다. 서구는 분명 그걸 원해요. 하지만 수신자들이 받는 메시지는 다릅니다. 서구의 몇몇 지도

자들은 오랫동안 이슬람과 민주주의가 부합할 수 있을지 의심해 왔어요. 튀니지의 독재자는 튀니지에서 혁명이 일어나기 며칠 전까지만 해도 프랑스에서 "나의 친구 벤 알리"라 불렸지요.
서구의 그런 외교정책이 튀니지인들과 아랍인들의 눈에 어떻게 보일까요? 이런 상황에서 그들의 눈에 서구가 과연 얼마나 믿음직스럽게 보일까요?

스테판 에셀 두려움에서 벗어나야 합니다. 9.11 이후 서구는 이슬람과 알 카에다를 두려워했어요. 이슬람 국가들은 우리 눈에 위험하게 보였지요. 그들이 알 카에다 편일 수도 있다고 생각했기 때문입니다. 서구 지도자들은 "그래도 우리와 의사소통이 잘되는 독재자들이 이슬람 국가들을 다스리는 편이 더 낫다. 바람직하지는 않지만, 어쨌든 그러면 이슬람이 문제를 일으키지는 않을 테니까"라고 생각했어요.
하지만 우리는 정확히 이런 끔찍한 두려움에서 벗어나야 합니다. 이런 두려움은 더 이상 정당하지 않기 때문이죠.
물론 아직 걱정되는 나라가 한두 나라 있어요. 이란과 시리아죠. 그렇지만 일반적으로 이런 상황은 이제 막바지에 이르렀어요. 이란에서 호메이니의 추종자가 권력에 오르는 것만이 위험한 게 아니라, 우리가 이슬람과 민주주의가 조화를 이룰 수 있다는 걸 인정하지 않는 한 이슬람 국가들과 올바른 관계를 맺지 못한다는 점 또한 위험요소라는 걸 이해해야 합니다.

롤란트 메르크 기독교 역시 문화적일 뿐 아니라 중요한 정치적 요소였습니다. 19세기 민족주의 시대 동안뿐 아니라 20세기에 가령 이탈리아에서도 기독민주당(Democrazia Cristiana)이 중요한 역할을 했지요.

프랑스의 외무장관 알랭 쥐페는 2011년 3월 파리의 '아랍세계 연구소(Institut du Monde Arabe)'에서 "지금은 이슬람 종파들과 허심탄회한 대화를 할 때"라고 말했습니다. 너무 때늦은 깨달음 아닐까요? 몇몇 프랑스 사회학자들은 벌써 오래전부터 현대 이슬람 세계의 경제 엔진은—막스 베버의 명제에 의하면—유럽 자본주의에 커다란 역할을 했다는 프로테스탄티즘의 엔진과 비슷한 성격을 갖는다고 말해 왔는데요.

스테판 에셀 물론 신중해야 합니다. 모든 종교에, 당신이 지적한 기독교에도, 그리고 이슬람과 유대교에도 과격한 성향들이 있습니다. 그런 성향은 언제나 존재했습니다. 십자군 전쟁과 종교재판은 유럽사에 뚜렷이 각인되어 있어요. 그러나 아프리카나 이슬람 국가를 막론하고 도처에서 인권과 민주주의에 대한 관심과 요구가 증가하고 있음은 확실합니다.

인도네시아와 터키만 해도 그렇지요. 인도네시아와 터키는 민주적 발전을 위해 노력하는 이슬람 국가의 모델들입니다. 이런 사정을 이해하고, 이슬람에 대한 두려움을 극복해야 합니다. 그 점에서 알랭 쥐페가 옳아요. 그런 길이 있어요.

그러나 빈곤이 결부되는 한 이슬람 근본주의는 아주 위험해질 수 있습니다. 그 나라들이 굶주리고 경제적 비전이 전혀 없을 때 그렇게 될 수 있지요. 그러므로 서구는 막중한 책임이 있어요. 하지만 다행히도 서구만이 책임을 져야 하는 건 아닙니다. 중국과 인도도 더불어 책임이 있어요.
또한 우리에겐 역량을 결집시키고 토론할 수 있는 기구가 있습니다. 바로 국제연합이지요. 그러기 위해서는 가치들을 조화시킬 수 있도록 다양한 문화를 이해하고 존중하는 것이 반드시 전제되어야 합니다.

롤란트 메르크 하지만 2011년 봄 도빌에서 열린 G8 정상회담 동안 산업국가들이 이집트와 튀니지에 대해 보여준 태도는 부끄러웠습니다. 아주 적은 금액을 지원하기로 결론이 났거든요. 이라크 군사지원금 두 달치에 불과한 금액이었어요. 그 뒤 더 많은 지원을 약속하긴 했지만, 막 태동하고 있는 민주주의 국가에서 서구의 책임 있는 태도가 과연 느껴질지 의심스러운데요. 채무이자 유예 같은 것은 전혀 고려되지 않고 있고요.

스테판 에셀 우리가 전에도 그랬듯이 앞으로도 부유한 나라가 될 거라는 건 확실합니다. 그러므로 우리는 가난한 나라들과 더 협력해 나가야 합니다. 우리는 개발도상국들에게 50년 전부터 도움을 약속해 왔지만, 말만 하고 사실은 아무것도 하지 않았어요. 아니, 정반대로 우리는 그런 나라들로부터 국제적인 시장 가치를 갖는 원료들을 우리에게 이익이 되도록 착취했지요.

현재 지구상의 인구 70억을 먹여 살리려면 개발 원조와 농경에서 우리가 지금까지 계획해 왔던 것보다 더 많은 방법이 필요합니다. 우리는 깨어 있어야 하고, 모든 나라들이 자국의 농업을 통해 자국민들을 넉넉히 먹이려면 어떻게 해야 하는지 자문해야 합니다. 유엔 식량농업기구나 세계 식량프로그램처럼 굵직굵직한 국제기구들이 그에 대한 생각을 하고 있지요.

롤란트 메르크 임마누엘 칸트는 「학부 간의 논쟁(Streit der Fakultaeten)」이라는 논문에서 프랑스 혁명에 대한 국민들의 열광에 대해 이야기하면서, 열광을 인류의 진보를 위한 '역사의 표지'라고 했습니다. 그러나 우리 사회엔 오늘날 혁명 중에 있는 국가의 시민들에 대한 열광보다는 외국인을 혐오하는 문화가 만연하고 있는 것 같습니다. 우리에겐 분노뿐 아니라 열광도 필요한 것이 아닐까요?

스테판 에셀 그렇습니다. 혁명하는 시민들의 열광이 스스로를 해방시키고 있습니다. 튀니지에 가 보면 튀니지인들의 감격을 확인하게 됩니다. 그들 스스로 쉽지 않다는 걸 정확히 알고 있지만 희망이 있지요. 반면 우리의 상황은 그렇게 희망적으로 보이지 않습니다. 우린 어려움이 더 많을 것 같아요. 우리의 라이프스타일은 더 이상 좋아질 일이 없어 보입니다. 환경적인 이유에서, 성장보다는 감축에 더 주안점을 두어야 하기 때문이지요. 이런 상황에서는 여간해서 열광적인 분위기를 조성하기가 어렵습니다.

하지만 혁명적인 열광은 없을지라도, 나는 나의 책들이 인간들의 마음에, 다른 사람들에 대한 관용과 사랑과 존경에, 예술과 문학에 대한 열광에 말을 걸고 부추기기를 희망합니다. 그러면 우리는 지금처럼 한편으론 자녀들이 미래에 잘 지낼 수 있을지 걱정하겠지만, 또 한편으로는 자녀들이 그 과정에서 새로운 세계를 만들어 나가기를 바랄 수 있을 것입니다.

내 친구 에드가 모랭은 "인간은 나비로 변신할 수 있는 애벌레와 비슷하다"고 했어요. 이 말을 눈앞에 그려 보면 어느 정도 열광이 생겨날지도 모르겠습니다. 하지만 이 말은 우선 우리가 구체적인 문제를 극복해야 한다는 뜻이에요. 한 국가 단독으로는 더 이상 문제를 해결할 수 없습니다. 우리는 유럽뿐 아니라 국제조직, 즉 유엔이 필요합니다.

롤란트 메르크 당신은 인류의 '변신'에 대해 말씀하셨습니다. 당신은 최근 에드가 모랭과 함께 쓴 『희망의 길』이라는 책에서 르네상스 시대를 빗대며, 우리 시대의 문제들을 해결하기 위해서는 '인간성의 부활' 외에 다른 방법이 없다고 하셨는데요. 가장 중요한 것은 생각과 경제와 정책의 개혁, 즉 새로운 윤리라고 말입니다.

또한 당신의 책 『Tous comptes faits...ou presque』에서는 이미 언급했듯이 자아비판을 하셨는데요. "분노는 첫 단계다. 필요하긴 하지만 충분하진 않다. 다르게 되기 위해서는 새로운 생각, 새로운 관점, 새로운 의지가 필요하다!"라고 말이죠.

내가 보기에 당신은 『분노하라』와 『참여하라』 이후, '상호 의존된' 세계에서 변화에 대한 요구를 실행할 방법에 점점 더 골몰하고 있는 듯한데, 관점의 변화가 지구상의 분노한 사람들의 태도를 변화시킬 수 있을까요?

스테판 에셀 분노와 참여는 내게 아주 중요합니다. 인간은 분노할 줄 알아야 비로소 인간이 되기 때문입니다. 분노하지 않는 한 완전한 인간이 아니에요. 그러나 분노와 참여는 시작일 뿐입니다. 단지 시작일 따름이지요.

우리는 분명 용인할 수 없는 세계에 살고 있어요. 우리가 원하는 세계가 아닙니다. 그러므로 그에 대해 분노하는 것은 좋은 일이지요.

그러나 그것은 또한 새로운 세계를 함께 만들어 가는 데 기여해야 한다는 의미입니다. 그 다른 세계는 시대 경험에서 탄생하지요. 사람은 자신이 살고 있는 시대의 자식입니다. 그런 시각을 가지면 작은 것에 연연하기보다 커다란 전체를 염두에 두게 되죠. 그리고 거기서 내가 '문턱'이라 부르는 것에 주목하게 됩니다.

우리는 공감이 그리 많이 필요하지 않았던 옛 세계와 공감 없이는 아무것도 되지 않는 새로운 세계 사이의 문턱에 살고 있어요. 공감하고 연대하는 것! 이것이 세계를 변화시키고, 우리의 사회 참여를 진전시켜 줄 것입니다.

롤란트 메르크 알베르 까뮈는 『반항하는 인간』에 이렇게 썼습니다. "나는 반항한다(이 책에는 '분노한다' 라고 되어 있다-역주), 고로 우리는 존재한다." 이때의 "고로"는 이해하기 어렵습니다. 대신에 당신은 '나'와 '우리' 사이에 공감을 도입하고 있습니다. 함께 분노하기 위해, 다른 사람들의 입장이 되어 보기 위해 공감이 필요하다는 거죠. 따라서 모든 행동이 맥락(kontext) 속에 있음을 알지 못하고 거기에 중요성을 부여하지 않는 한, 인류의 위기 앞에서 분노하고 참여하는 것만으로는 충분치 않습니다.

맥락은 당신의 말을 빌자면 상호 의존적인 세계입니다. 모든 것—인간 및 자연—이 서로 의존하고 있습니다. 그리하여 당신은 상호 의존성에 대한 글로벌한 인식이 글로벌한 행동으로 이어지기를 요구하는 것이지요. 여기서 물론 공감이 커다란 역할을 하겠지요?

스테판 에셀 분노하고 참여하고자 하는 사람은 세계에 대한 새로운 생각, 즉 세계적인 사고로 나아가야 한다는 게 내가 말하고자 하는 것입니다. 우리는 다중 위기 속에 있어요. 우리가 상황을 심각하게 여기지 않는 한, 이런 위기들은 우리를 꼼짝 못하게 가두고 우리는 거기서 헤어나지 못할 겁니다.

위기는 심각합니다. 그걸 극복하는 건 우리의 인간성에 내가 '공감'이라 칭한 측면을 도입하고 강화할 때 비로소 가능해집니다. 지금 우리에게 필요한 것은 참여, 공감, 감정이입, 이해심—한마디로 인류의 단합—입니다.

আমরা কিভাবে প্লেন টিকিট কিনতে পারি। পথ দেখাও

신자유주의❼ 낮아진 국경, 무너진 인권 (명동성당 앞, 2000) © 이상엽

롤란트 메르크 따라서 사고의 개혁, 즉 새로운 세계적 사고의 본질적인 요소는 당신이 '질투심'과 명백히 구분하는 공감이란 말씀이지요?

스테판 에셀 그렇습니다. 인류는 기나긴 역사를 거쳐 왔어요. 크로마뇽인 시대를 거쳐 우리 시대까지 이르렀고, 세계적으로 70억 인구로 불어났습니다. 이와 관련하여 "그렇다면 현재의 글로벌 사회는 스스로 멸망하는 길로 가고 있는가?"라고 묻는다면, 대답은 "그렇다"입니다. 많은 것들이 그것을 뒷받침합니다. 우리가 충분히 공감하지 않고, 이기적인 생각을 하고, 이기적인 존재들이 되어 버렸기 때문입니다.
우리의 물질주의는 점점 더 많은 것을 원하고 우리의 기술은 점점 더 널리 확산되고 있습니다. 오늘날 우리는—몇백만 명의 인구에서 70억 명의 세계시민으로 불어나기까지 장구한 세월을 거친 후에—멸망의 길을 걷고 있는 것으로 보입니다.
따라서 개혁은 시급히 필요합니다. 개혁하지 않으면 안 됩니다! 인류는 자연과 제 동족들을 너무나 착취해 왔기 때문에, 단호하게 방향을 틀지 않는 한 얼마 못 가서 끝장나 버리고 말 것입니다.

롤란트 메르크 그래서 우리는 인간에 대해, 그리고 자연에 대해 연대와 공감을 느껴야 하는 거겠죠. 당신은 '공감'이라는 말로 모든 것을 통합시키는 것 같은데, 공감이 정확히 어떤 개념입니까?

스테판 에셀 프랑스어로 말하자면 'compassion(연민, 동정)'이라고 하는 것이죠.

롤란트 메르크 프랑스어 단어는 더 열정적인 느낌이 나는군요(열정이라는 뜻의 passion이 들어가 있기 때문에 그런 느낌이 난다고 말하고 있다-역주).

스테판 에셀 오…… 열정이라! 열정은 공감보다 더 강한 말이지요. 열정은 공감을 포함할 수도 있어요. 하지만 공감은 열정보다는 좀 더 겸손한 개념입니다.
우리 인간은 서로를 불쌍히 여길 줄 알아요. 우리는 자신에게 없거나 충분하지 않은 것들 때문에 괴로워하지만, 또한 다른 사람에게 없거나 충분하지 않은 것 때문에 괴로워할 줄도 알지요. 자신을 위한 목표 이상을 생각한다는 것입니다.
내게 있어 공감은 만족하지 않는 감정이에요. 공감은 반항하고, 돕고자 해요. 다른 사람들의 입장이 되어 보고 그들의 고통과 그들의 행복을 느끼는 것이고, 다른 사람들과 단합하는 것이죠.

롤란트 메르크 당신은 계속해서 모든 존재는 대화 가운데 있다고 강조하시는데요. 마틴 부버[53]나 에마뉘엘 레비나스[54]의 철학을 상기시키는

53 Martin Buber(1878~1965). 오스트리아 출신의 유대인 종교철학자. 부버의 『나와 너(Ich und Du)』(1919)라는 작품은 그의 가장 유명한 저서로 인간관계의 대화 원칙이 그 주제다.
54 Emmanuel Levinas(1905~1995). 유명한 유대계 프랑스 철학자. 인간관계는 본질적으로 상대방을 우선시하는 가운데 성립되는 것으로 보았다.

말입니다. 대화 역시 공감을 통해 이루어지는 거겠지요?

스테판 에셀 맞습니다. 공감(Mitgefuehl)의 'mit'는 우리가 뭔가를 직접적으로 대하기 전에도 이미 모든 것들과 늘 관계되어 있었다는 사실을 보여줍니다. 인간이 세계를 다루는 방식이 아주 위험해졌음을 우리가 깨달은 건 족히 50년 전부터였어요. 처음에는 인류학이나 생태학 같은 학문이 새로운 생각들을 제시해 주었지요. 그러나 생각들을 더 깊게 할 필요가 있고, 그러다 보면 우리가 다른 이들과 의사소통을 하는 데는 여러 가지 방식이 있다는 생각을 하게 됩니다.

우리는 이성과 오성을 가지고 있고, 이성과 오성을 필요로 해요. 하지만 우리는 마음과 감정도 가지고 있습니다. 우리의 감정은 오감으로 이루어지지요. 우리가 오감을 가지고 있다는 게 뭐 새로울 건 없지만, 오감을 통해 더 중요하고 해석적인 감각이 생겨나요. 나는 메를로 퐁티[55]와 에마뉘엘 레비나스의 철학에 영감을 받아, 그런 감각을 '공감'이라 부르고 그걸 북돋우고자 합니다.

나는 공감을 새로운 공생 정치의 토대로 여기고 있습니다. 공감은 글로벌 사회를 수립하는 데 필요한 연대적인 관계를 만들어 주지요.

롤란트 메르크 프랑스 철학자 메를로 퐁티와 에마뉘엘 레비나스를 언급하셨는데요. 둘 다 각자의 방식으로 주체 따로 객체 따로 구분하는 전

55 Maurice Merleau-Ponty(1908~1961). 프랑스 철학자. 인간이 자기 자신과 세계를 경험하는 도구가 되는 신체의 역할에 대해 탐구하였다.

통적인 사고, 즉 이분법적 사고방식을 문제시했던 사람들이죠.
이 이야기를 하니까 사고를 바람직하게 개혁하는 데 필요한 또 하나의 요소가 떠오르는데요. 에셀 씨 역시 서구철학을 보며 서구철학이 종합적이기보다 분석적인 것을 기본적인 문제로 보고 계시지 않습니까?

스테판 에셀 그렇습니다. 라이트모티프처럼 서구적 사고를 가로지르는 '나'와 '나 아닌 것', 인간과 자연이라는 이분법적 사고가 지금 같은 인류의 위기를 초래했어요. 모든 것이 대화 가운데 있다는 사실을 인지하지 못했기 때문이지요. '환경(Umwelt)'이라는 단어가 이미 대화를 암시해 주고 있는데도 말이죠.
게다가 우리 서구는 기독교적 가치관을 기본으로 하고 있는데, 기독교는 인간에게 지구를 정복하고 다스리라고 명령하고 있어요. 이런 식의 사고를 벗어나야 합니다. 이런 사고는 파괴와 착취로 직결되기 때문이지요.

롤란트 메르크 당신은 서구 사고의 문제를 지적하며, 그것을 해결할 다른 사고 모델을 제시하고 계신데요.

스테판 에셀 그래요. 사고를 새롭게 하기 위해 우리는 다른 문화권이 가지고 있는 사고의 유산들을 이용할 필요가 있습니다. 우리는 인류의 아주 오랜 사고의 역사에서 끊임없이 중요한 문턱들을 넘어왔어요.

그중 하나가 바로 르네상스였지요.

그리고 이제 주변을 둘러보면, 아프리카와 아시아의 사고가 '주체'에만 고정된 서구적 사고보다 공감과 대화가 훨씬 풍성하다는 것을 알 수 있습니다. 우리가 이런 문화권의 지혜와 정신적 유산에 관심을 가지면 태동하는 글로벌 사회에 훨씬 유익할 겁니다.

롤란트 메르크 칸트의 윤리는 언제나 '인간성'을 잣대로 삼았습니다. 정언명령은 "그것이 일반적인 법칙이 되기를 바랄 수 있는 원칙에 따라서만 행동하라"라고 되어 있죠. 하지만 그건 당시의 현실과는 별 관계가 없었습니다. 반면 우리는 지금 인간성이 구체적으로 드러나는 가운데 살고 있고 아주 다양한 문화들을 접하게 되는데, 당신은 문화와 관련해서도 공감에 우선권을 두기를 원하시죠. 그 이유는 뭔가요?

스테판 에셀 타인들을 이해하기 위해서는 다양한 문화들에 감정이입을 해야 하기 때문입니다. 칸트가 살았던 시대와 달리 우리는 글로벌 사회에 살고 있어요. 이런 상황에서는 공감만이, 반복하건대 단지 공감만이 국가들 간에 연대의식을 북돋울 수 있지요.

롤란트 메르크 그러므로 공감과 연민에서 행동지침을 찾을 수 있겠군요. 뭔가 '그렇게 되어서는 안 되는 것'은 아픔과 괴로움을 불러오지요. 보편적 진리가 없다고 보았던 미국의 철학자 리처드 로티[56]마저 공감대를 보편적 진리로 보았습니다. 보편적 진리의 '약한 형식'이라고 했죠. 연민이 보편적이지 않다면 서로 다른 문화권에 속한 인간들이 저마다 다르게 괴로워할 텐데 그렇지 않거든요. 1948년 인권선언이 만들어질 때도 서로 다른 문화에 구속력 있는 행동지침을 줄 수 있을 '약한 보편주의(Weak Universalism)'를 지키자는 생각이 작용했지요?

스테판 에셀 인권선언을 작성할 때 우리에게 가장 중요한 게 바로 그것이었습니다. 우리는 다양한 종교나 여러 가지 통용되는 이데올로기 또는 윤리에 맞출 수도 있었을 거예요. 하지만 오래 고민하며 찾은 끝에 '존엄'이라는 단어를 만났고, 그것을 세계인권선언문 제1조에 도입했지요. "모든 인간은 태어날 때부터 자유롭고, 존엄하며, 평등하다."
모든 문화가 '존엄'이라는 말을 알아요. 아랍의 봄은 "Karama(존엄을 뜻하는 아랍어 단어)"라는 슬로건으로 존엄을 상징합니다. 이런 맥락에서 나의 작은 책의 프랑스어 제목 『분노하라(Indignez-vous)』도 아주 중요하지요. 그 속에 존엄(프랑스어로 dignité)이라는 단어가 들어 있으니까요.
그냥 분노하라는 말로는 그것을 알리지 못해요. 존엄 없이도 화를 낼 수는 있지만, 존엄이 침해되는 것을 볼 때만 의분을 느낄 수 있습니다. 이것은 내가 늘 지적하는 차이지요.

56 Richard Rorty(1931~2007). 미국의 철학자로 신실용주의의 대표자로 여겨진다. 저서 중 『우연성, 아이러니, 연대성(Kontingenz, Ironie und Solidaritat)』도 영향을 많이 끼친 책 중 하나다.

쌍용자동차 노동
이제는 멈

신자유주의❽ 초라한 빈소, 넘치는 죽음 (대한문, 2012) © 이상엽

롤란트 메르크 하지만 존엄(Würde)이라는 단어는 도덕적 완결성뿐 아니라 신체적 완결성도 포함하고 있는데요(독일어 Würde와 영어 dignity는 '존엄'이라는 뜻과 동시에 '품위'라는 뜻을 지닌다-역주).

스테판 에셀 맞아요. 돌멩이는 그냥 존재하지만, 동물은 존재하는 자체로 존엄성을 드러냅니다. 인간은 이런 존엄성을 의식할 수 있지요. 이건 내게 아주 중요한 것입니다.
우리 인간은 여타 자연과 구분되는, 희망인 동시에 위험으로 작용할 수 있는 것을 갖고 있어요. 자연과 더불어 스스로를 펼칠 수 있다고 생각하면 희망이요, 폐쇄적인 태도로 스스로를 자연과 단절시키며 자연보다 더 많은 힘을 가지고 있다고 주장하면 위험이 되지요. 그러고 나면 인류는 우리가 방금 이야기했던 방향으로 굴러떨어져요. 고도로 발달했지만 막다른 길로 달려가는 겁니다.
이와 관련해서, 우리 인간들이 언제 처음 스스로의 존엄을 느꼈는지 묻는 것은 아주 흥미로운 일이지요. 인간의 존엄성은 그리스 철학의 시대가 도래한 뒤에야 비로소 인식되었을 겁니다. 처음으로 인간은 자신이—자연의 처분에 내맡겨지지 않고—어떻게 살아가야 할지 생각할 수 있는 존재라는 것을 느꼈어요. 그리하여 스스로 한 조각 신성이 되었죠. 그냥 '주어진 것'으로부터 해방되어 인간성을 계속 만들어 나갔습니다.

롤란트 메르크 당신은 모든 것이 대화 속에 있다고 강조하시는데요. 당신에게 '상호 의존된 세계'란 무엇을 의미합니까?

스테판 에셀 우리는 우리가 하는 일과 타인들이 하는 일이 긴밀하게 연결되어 있음을 알고 있습니다. 이런 상호 의존과 상호 연결을 우리는 어린 시절에, 어머니와 아버지에게서, 그리고 가족과 사회에서 경험하지요. 지구상에서 우리는 혼자가 아니에요. 오늘날 사람들이 너무 개인화되는 경향이 있는데 이것은 위험합니다. 그러면 아버지, 어머니, 아들이 우리에 대해 어떻게 생각하든 아무 상관이 없어져요.
모든 것에의 의존은 또한 자연과의 관계에서도 적용됩니다. 우리는 자연의 일부니까요.

롤란트 메르크 바로 거기에 당신이 요즘 계속해서 말씀하시는 위험이 숨어 있지요. 서구는 '주체'에 초점을 맞춰 왔고, 이것은 역사적으로 인권선언으로 이어졌습니다. 그러나 개인이 모든 것들 위에 군림하게 된 후, 인권선언에 이렇듯 높아진 인간의 지위와 자연에 대한 인간의 통치권만 드러나고 있지는 않은지 묻게 됩니다. 그렇다면 인권선언을 새롭게 바꿔야 하지 않을까요? 기존의 것이 시대에 뒤떨어져서가 아니라, 자연권의 목록을 포함시켜야 하니까요.

스테판 에셀 다행히도 우리는 1972년 스톡홀름에서 유엔 인간환경회의(United Nations Conference of the Human Environment)가 처음 열린 이래, 그에 대한 행동계획 목록을 가지고 있습니다. 이 목록은 20년 전

리우에서 열린 회의에서 지속가능한 발전을 위한 '의제 21(Agenda 21)'로 확대되었지요. 우리는 자연에게 권리를 돌려주기 위해 필요한 게 무엇인지를 알고 있어요. 우리는 어디에서 자연을 보호해야 하는지 알고 있고 원료, 에너지, 수자원을 지속가능성의 시금석에 맞춰서 이용해야 함을 알고 있습니다.
이 모든 것들은 익히 알려진 사실이자 위험이에요. 우리는 오늘날 그에 대해 아무것도 모르는 것처럼 행동해서는 안 됩니다. 정말로 세계인권선언이 세계자연권선언으로 보완될 때, 우리는 필요한 개혁들을 위한 중요힌 기초를 놓게 될 것입니다.

롤란트 메르크 자연은 그가 견딜 수 없는 것만을 분명히 나타낸다는 점에서 '부정적'인 언어로만 말한다고 할 수 있습니다. 이를 그냥 무시해도 될까요? 한스 요나스[57]는 계속해서 칸트의 정언명령이 우리 행위의 장기적인 영향을 고려하지 않고 있다고 비판하며, 정언명령을 새로 만들어야 한다고 했습니다. 요나스는 우리 시대를 위해 이런 명령을 제안합니다.
"지상에서의 인간다운 삶의 지속성과 조화되게끔 행동하라."

스테판 에셀 네, 우리에게 필요한 게 바로 그겁니다. 그와 관련해서 페터 슬로터다이크(Peter Sloterdijk)의 멋진 텍스트도 있어요. 내가 페터 슬로터다이크와 에드가 모랭, 미셸 로카르 등과 함께 쓴 『Le monde n'a plus de temps à perdre(우리에겐 더 이상 잃어버릴 시간이 없다)』에 실린

텍스트지요.[58]

그래요. 우리의 행동은 장기적으로 인간과 자연의 공동생활에 결코 제약이 되지 않는 쪽으로 맞춰져야 합니다. 따라서 행동을 하기에 앞서, 그 행동이 미래에 인간과 자연의 실존에 어떤 영향을 끼칠 것인지 물어야 해요. 페터 슬로터다이크는 우리의 행동으로 말미암은 자연과정의 비가역성을 고려할 때 우리에겐 더 이상 잃어버릴 시간이 없다고 주장하면서, 한스 요나스가 재정의한 정언명령을 보충했습니다.

롤란트 메르크 그러므로 우리는 '시대의 문턱'에 있는 것이지요. 문턱을 넘는다고 꼭 위쪽으로 이어지라는 법은 없고요.

스테판 에셀 인류가 최근 몇십 년만큼 그렇게 야만적이고 위험한 적은 일찍이 없었습니다. 비극적인 일이지요. 그래서 나는 자꾸 '문턱'이라는 말을 쓰게 돼요. 내 메모 봤지요?[59] 우리는 크로마뇽인 시대로부터 약 150만 년의 세월을 거쳐 오늘날 70억 인구로 불어났습니다. 20세기에 겪은 빠른 발전은 철학과 예술과 창조성에도 특별한 의미를 갖습니다.

물론 아리스토텔레스나 갈릴레오 갈릴레이, 또는 산업화 과정에서

57 Hans Jonas(1903~1993). 독일 철학자. 『책임의 원칙(Das Prinzip Verantwortung)』(1979)이 그의 주요 저작으로, 세상에 많은 영향을 끼쳤다.

58 『Le monde n'a plus de temps à perdre. Appel pour une gouvernance mondiale solidaire et responsable』(Les liens qui lobèrent, Collegium International. 2012). 참조

59 이 책 89페이지에 실린 스테판 에셀의 메모 참조

발명된 것들을 생각할 때 우리는 아주 위대한 업적을 이루었다고 할 수 있어요. 하지만 미래에 나노 기술이 초래할 수 있는 가능성을 염두에 두어야 합니다. 기계가 고도로 발달하여 스스로 알아서 일처리를 하게 되면, 인간은 아무것도 할 필요가 없게 될지도 모르거든요.

올더스 헉슬리의 소설 『멋진 신세계』나 조지 오웰의 부정적 유토피아 『1984』를 생각해 보십시오. 다행히 아직은 상상에 불과하지만, 어쨌든 인간이 자신의 자유를 기계에게 넘기면서 스스로는 아직도 안전하다고 믿는다는 경고를 담고 있어요. 그렇게 되면 인류의 역사는 크로마뇽인에서 텔레테크닉(teletechnic, 원격기술)[60]의 주인을 거쳐 마지막엔 그 포로가 되겠지요.

롤란트 메르크 그래요, 우리는 견습 마법사들이고, 우리가 불러낸 유령들은 우리를 쉽게 놓아주지 않지요. 독일의 미디어 철학자 귄터 안더스[61]가 한 말입니다.

스테판 에셀 …네, 그는 한나 아렌트의 첫 남편이었죠…….

롤란트 메르크 1950년에 귄터 안더스는 인간이 스스로 만든 기술과 그 장기적인 영향—그의 예는 원자폭탄이었습니다—에 대해 감정이입

60 자크 데리다의 의미에서. '텔레테크닉'은 존재의 경계를 확장하고 넘어서는 기술의 복합체이다.

61 Günther Anders(1902~1992). 오스트리아의 미디어 철학자. 주요 저서로는 2권으로 된 『Die Antiquiertheit des Menschen(인간의 골동성)』이 있다.

을 해봐야 한다고 요구했습니다. 그는 "감정적으로 대비해야 한다"고 말했지요.
당신은 또한 글로벌화가 우리의 의식에 큰 영향을 끼친다고 말씀하시는데요. 그리고 우리에게 의식 확장과 공감을 연습할 것을 요구합니다. 우리의 기술을 파악하기 위해서도 그게 중요하겠죠?

스테판 에셀 맞습니다. 시대의 정점에서 의식 있게 살고, 기술의 효율성과 의미 사이의 구별을 명확히 하기 위해서죠! 나노 기술은 효율적일 수 있어요. 그러나 그 의미는 어디에 있는지 자문해야 합니다. 핵무기는 아주 효율적일 수 있어요. 그러나 또한 여기서도 의미는 어디에 있는가 질문을 던져야 하죠. 그럴 때 우리는 계속해서 의미와 개혁에 대한 생각에 이르게 됩니다.
하지만 여기서 어려움을 만나지요. 개혁이 무엇 때문에 필요한지는 이해하기 쉬워요. 그렇지만 개혁이 어떻게 가능한지는 이해하기가 더 어렵습니다.
나는 개혁이 느낌과 공감에 좌우된다고 봐요. 그래서 이제 철학을 논할 때가 아니고, 인류학을 논할 때라고 말합니다. 순전히 사색으로만 일관하는 건 우리에게 더 이상 필요치 않으니까요.

롤란트 메르크 따라서 당신은 우리를 실용적인 사고로 옮겨 가게 하시는군요. 글로벌 사회를 맞이하여 '문화 충돌' 대신 문화를 통해 서로 더 풍성해져야 한다고 말입니다.

스테판 에셀 그렇습니다. 지금 우리는 아주 다양한 문화와 문명이 공존하는 글로벌 사회에 살고 있어요. 앞서 말했듯 이것이 우리 시대의 새로운 특성이죠. 인류사에서 이렇듯 다양한 문화들이 서로 만났던 적은 없었습니다. 서로 교류하며 다양한 문화가 연대하는 세계공동체 건설을 위해 무엇을 할 수 있을지, 그 모색의 가능성이 지금처럼 컸던 적이 없었어요.

바로 그런 이유에서, 달라이 라마[62]를 만났을 때 나는 너무나 기뻤습니다. 나는 그런 만남을 아주 중요하게 생각합니다. 이 만남은 우리가 전체 인류의 일부로서 다양한 숨결을 갖고 있음을 새삼 깨닫게 해주지요. 우리는 유럽이나 서구의 문화뿐 아니라 아시아와 아프리카 문화에서도 조언을 구할 수 있습니다. 또한 인류의 현안에 대한 그들 특유의 대답도 고려해야 하고, 이런 다양한 존엄성을 뒷받침해야 합니다.

롤란트 메르크 의미, 존엄……. 저는 서구 문화처럼 미래를 전혀 보장해줄 수 없는 문화를 정말로 "존엄하다"고 얘기할 수 있을지 묻게 됩니다.

스테판 에셀 모든 사회의 존엄이 마찬가지입니다. 서구 문화는 더 낫지도, 더 나쁘지도 않아요. 그리고 서구의 문화는 엄청난 장점들을 가지

62 달라이 라마&스테판 에셀, 『Declarons la paix. Pour un progres de l'esprit』(2012). 이 책은 한국에서 『정신의 진보를 위하여』(돌베개. 2012)로 번역 출간되었다. (편집자 주)

고 있습니다.

롤란트 메르크 하지만 서구 문화가 더 위험하지는 않을까요?

스테판 에셀 그것이 우리 숙고의 출발점이었습니다. 우리는 맨 처음에 인류가 오늘날처럼 위험했던 적이 없었다고 말했지요. 물론 서구 세계에 관한 이야기였어요. 하지만 반대로 동양의 문화들이 더 저력이 있다고도 할 수 없어요. 중국의 발전도 그런 식으로 계속되면 인류에게 위험할 수 있습니다. 그렇지 않습니까? 우리 모두는 위험합니다. 그러므로 우리는 다양한 문화의 특성이 무엇이며 한 문화의 어떤 요소가 다른 문화를 풍요롭게 해주고 모델이 되어 줄 수 있는지 질문해야 합니다.

롤란트 메르크 당신은 교육과 관련해서도 '모델'을 말씀하시는데요. 모델이 부족하다고 하시는데, 아리스토텔레스에게도 이미 그것이 문제였습니다. '잘살려면' 경험이 필요해요. 그러나 젊은이들은 경험이 없기 때문에 교육이나 본보기가 필요한 것이지요. 우리가 젊은이들에게 무엇을 제공할 수 있겠습니까? 우리에겐 마돈나와 같은 인기 스타들이 있는데, 이런 스타들과 겨루어 우리는 젊은이들에게 무엇을 제공할 수 있을까요?

스테판 에셀 유감스럽게도 최근 20년 전부터는 모범으로 삼을 만한 사람이 참 없는 듯합니다. 그러나 우리는 피에르 망데스 프랑스[63], 빌리 브란트 혹은 버락 오바마 같은 사람들이 했던 기본 생각들을 청소년들과 공유할 수 있습니다. 또한 메리 로빈슨[64] 같은 여성도 아주 중요하다고 생각합니다. 세계에 다르게 접근하고 세계를 변화시키고자 노력했던 사람들이 인류에게 줄 수 있는 것을 소중하게 생각해야 합니다.

롤란트 메르크 "모든 것들은 무엇을 위해 매진하는가?"라는 질문에 대한 아리스토텔레스의 간단한 답변이 떠오르는데요. 아리스토텔레스의 답변은 "행복"이라는 것이었죠. 하지만 오늘날 행복이란 무엇입니까? 성공적인 삶, 잘사는 삶은 무엇이고 그런 삶을 살기 위해 우리는 무엇을 필요로 할까요?

스테판 에셀 정확히 이 맥락에서 우리는 다시금 공감, 존엄, 단합, 서로에 대한 존경 같은 말들과 조우하게 됩니다. 개인의 행복은 다수의 행복과 따로 분리될 수 있는 게 아니지요. 그렇다면 우리에게 행복이란 무엇일까요?
인간에겐 두뇌뿐 아니라 가슴이 있고, 우리는 이를 강화시켜야 해요. 시기심은 점점 더 많은 것을 원합니다. 최고가 되고 최강이 되기를 원하지요. 그렇지만 모든 종교와 철학은 인간의 공감 능력을 높이 평가해 왔습니다. 이런 능력은 지금까지 강하게 억압되어 왔는데, 이제 인간성 개혁을 위해 이런 공감의 잠재력을 동원해야 합니다.

"계몽이란 무엇인가?"라는 질문에 대한 대답에서 칸트는 사고의 개혁을 강조했지요. 그는 사고의 혁명을 위해 노력하지 않았어요. 사고의 개혁을 위해 노력했지요. 저도 그렇습니다. 사고를 새로 고안할 필요가 없기 때문입니다. 우리에게 필요한 것은 삶과 경제의 개혁입니다. 기존의 업적을 바탕으로 변화를 추구해 가자는 것이지요.

지금처럼 낭비하는 인류 앞에서 행복이란 아리스토텔레스가 이미 알고 있었던 바, 절제일 것입니다. 그런데 절제를 하려면 원료를 덜 소비하는 것뿐만 아니라, 다른 사람들과 나누는 것도 중요해요. 다시금 내 친구 이야기를 해보자면, 내 친구인 정신의학자 베르나르 코비에(Bernard Cobier)는 내게 다른 사람과 나눌 때, 다른 사람들과 공감할 때 우리의 행복이 증가된다는 것을 가르쳐 주었습니다. 적은 것이 더 많은 것일 수 있지요.

롤란트 메르크 우리는 오늘날 거대한 채무위기를 겪고 있습니다. 현재의 상황은 여러모로 에셀 씨가 젊어서 경험하셨던 1929년의 대공황을

63 Pierre Mendès-France(1907~1982). 1954~1955년 제4공화국의 총리를 지낸 프랑스 정치가. 1936년에 사회주의자 레옹 블룸 내각에서 재무차관으로 일했으며, 프랑스 레지스탕스 활동에 능동적으로 참여하였고 1944년 드골 임시정부의 경제장관으로 지명되었다. 1950년부터는 프랑스 식민주의를 일관성 있게 비판하면서 인도차이나, 알제리, 튀니지, 모로코로부터의 식민지 정부 퇴각을 주도했고, 유럽 통합을 강력히 지지했다. 알제리 독립을 위해 힘쓰다가 드골에 의해 실각되었고, 정치에서 물러난 후에도 도덕적으로 청렴한 프랑스인으로 추앙을 받았다. 후에 미테랑 대통령 당선에 크게 기여했다.

64 Mary Robinson. 1944년생. 1990년에서 1997년까지 아일랜드 공화국의 최초 여성 대통령을 지냈고, 2002년까지 유엔 인권 고등판무관으로 활동했다.

POLICE

신자유주의❾ 살인 개발, 살인 진압! 국가는 폭력조직인가? (총리공관 앞, 2009) © 이상엽

떠오르게 하는데요.
유럽의 정부들은 경제 붕괴에서 벗어나기 위해 자기들 나라에서 강력한 긴축정책을 실시했습니다. 그 긴축정책은 극심한 사회문제와, 유로 존에서 프레카리아트가 엄청나게 증가하는 등의 부작용을 불렀죠. 그리스와 스페인에서는 젊은이 둘 중 하나가 실업 상태고, 자살률도 대폭 증가했어요. 평균적으로 청년실업이 전체 실업의 20퍼센트 이상을 차지하고 있습니다. 아랍에서는 높은 청년실업률이 혁명으로 이어졌고요.
질문을 드리죠. 유럽 긴축정책이 우리를 어디로 인도할까요?

스테판 에셀 나쁜 데로요! 실패로! 우리는 긴축정책에서 빠져나와야 합니다. 1932년 프랭클린 루스벨트[65]가 '뉴딜정책'을 시행했던 바로 그 신속함과 단호함으로 말이지요.
다행히도 오늘날 우리들은 세계경제에 대해 약간 더 많은 것을 이해하고 있습니다. 우리는 어디서부터 바람직하지 못한 방향으로 진행되었는지 알고 있지요. 그러므로 정책방향을 전환하여 복지를 강화하고, 경제를 다시금 사회적으로 뿌리내리게 할 절호의 시기입니다.
프랑스에서는 이제 프랑수아 올랑드 대통령이 선출되면서 새로운 정

65 Franklin Delano Roosevelt(1882~1945). 미국 민주당 정치인. 1933년부터 작고할 때까지 미국의 32대 대통령을 역임했다. 1929년 주식폭락의 결과 '대공황'이 발생하자 루스벨트는 경제활동에 대한 정부 개입에 사활을 걸었다. 그의 사회적 경제정책인 '뉴딜정책'은 이후 지속적인 경제개혁으로 이어졌다.

부가 구성되었어요. 프랑스에서 우파들이—프랑스만큼 강하지는 않지만 헝가리와 그리스, 유감스럽게도 독일에서도 부상하고 있는 극우파들을 포함하여—개진했던, 정책적으로 가히 재난에 가까운 방향을 수정해야 합니다. 이제 앞으로 도약하는 것은 이미 필수적이에요.

롤란트 메르크 취리히에서 당신은 신자유주의 경제가 종식될 거라고 하셨는데, 정말로 밀턴 프리드먼의 시대가 곧 끝날까요?

스테판 에셀 네, 우리는 밀턴 프리드먼과 시카고 학파의 신자유주의 사상에 아주 목을 매 왔습니다. 이런 사상에서 벗어나 경제개혁을 시작할 절호의 시간이지요.
부의 재분배가 필요해요. 어떤 나라건 그냥 너무나 많이 가진 사람들이 존재합니다. 조세정책의 개혁이 필요해요. 하지만 세금을 거두는 것뿐 아니라 거둔 세금을 어디에 쓰는지도 무척 중요합니다. 무기, 마약, 원자력 발전에 얼마나 많은 돈을 쓰고 있는지…….
경제정책 역시 많은 돈이 개개인의 이익으로 연결되도록 방향 전환을 해야 합니다. 젊은 세대들에게 달라질 수 있다는 느낌을 줄 수 있도록, 고르바초프가 바랐던 '경제안전보장이사회' 같은 것이 필요해요.
가난한 이는 넉넉해져야 하고 소수의 특권층, 즉 과도하게 특권을 누리는 이들은 특권을 잃어야 합니다. 프랑스 혁명 때 귀족과 성직자 특권층들이 그랬듯이 말이죠.

롤란트 메르크 아탁(ATTAC)과 연계하여 활동하는 경제학자들은 긴축정책에 대해, 부의 재분배가 위에서 아래로 진행되지 않고 아래에서 위로 이루어질 뿐이라고 비판합니다. 나오미 클레인[66]을 비롯한 여러 사람들은, 이런 긴축정책은 밀턴 프리드먼이 자연재해나 다른 위기 동안에 신자유주의 개혁을 관철시키기 위해 추천한 '충격요법'이라고 이야기하지요. 재분배에 대한 구체적인 대안이 있으신가요?

스테판 에셀 존 메이너드 케인즈의 생각에 따라 경제정책을 수립하는 것이 중요합니다. 달리 말해, 국가가 투자를 해야 할 것입니다. 하지만 맹목적으로 해서는 안 돼요. 새로운 경제정책, 즉 윤리적 경제정책이 필요합니다.
환경을 중요하게 고려해야 합니다. 이젠 양적 성장이 아니라 질적 성장을 중시해야 하지요. 그리하여 사회적 경제와 생태적 경제를 일궈나가야 합니다. 그러니까 '지속가능성'은 글로벌화 속도를 줄이는 대신 지역경제를 튼튼히 해나가는 걸 의미해요. 또한 공정무역을 촉진하고, 핵에너지 같은 위험한 에너지에 투자하는 대신 수력과 태양에너지 같은 대안 기술에 투자해야 합니다.
요컨대, 국가들 간의 연대를 최대한 장려하고, 경쟁의 압력으로 연대의식을 퇴색시키지 않는 사회적 경제가 움터야 합니다.

롤란트 메르크 그러나 현재의 위기는 무엇보다 규제되지 않는 금융자본 때문이기도 합니다. 금융자본하에서 실물경제가 점점 더 침체되고 있어요. 점점 더 많은 돈이 기업에서 주주들에게로 가고, 그렇게 투기 거래로 흘러 들어갈 수 있기 때문이죠.

스테판 에셀 그렇습니다. 그래서 나는 『희망의 길』이라는 책에서 에드가 모랭과 함께 이런저런 것들을 제안했어요. 은행과 국제적 금융거래를 더 엄격히 규제해야 합니다. '투기성' 자금이 많이 나돌지 않도록 세금을 올려야 하고, 국제 조세회피 지역(조세 피난처-역주)[67]을 없애야 합니다. 그밖에도 신용평가기관의 감시가 필요합니다.

롤란트 메르크 여러 경제학자들은 신용평가를 악순환으로 보고 있습니다. 일종의 셀프서비스라는 것이죠. 민간 신용평가 회사들이 국가들의 신용등급을 강등시키면, 그 국가들은 시장에서 다시금 민간이 빌려 주는 비싼 돈을 이용할 수밖에 없게 돼요. 채무위기를 맞아 여러 사람들이 민주적 절차와 투명성의 부족을 탄식하고 있습니다. 이탈리

66 Naomi Klein. 1970년생. 캐나다 작가이자 세계화 비판가. 『쇼크 독트린 ; 자본주의 재앙의 도래(The Shock Doctrine)』(2007)이라는 저서를 썼고, 밀턴 프리드먼의 '시카고 학파'와 대립되는 입장을 표명해 왔다. 클레인에 따르면 신자유주의는 경제쇼크(군부의 실패 또는 자연재해처럼) 후에 사회복지의 비중을 줄이고 민영화 조치를 밀고 나가기 위해 도입되었던 것으로, 클레인은 피노체트하의 칠레와 마거릿 대처하의 대영제국, 보리스 옐친하의 러시아, 미국이 진격해 들어간 후의 이라크를 그 예로 든다. 반면 군대까지 민영화한 조지 W. 부시의 신자유주의 정책은 밀턴 프리드먼이 요구했던 정도를 넘어서는 것으로 본다.

67 소득의 전부나 일부에 대해 세금을 부과하지 않는 국가나 지역. 금융거래의 익명성이 철저히 보장되기 때문에 탈세나 돈세탁 등 검은 거래의 온상이 된다. 바하마 · 버뮤다제도 등 카리브해 연안과 중남미 일부 국가들이 대표적인 조세 피난처로 꼽힌다. (편집자 주)

아의 경우엔 테크노크라트(technokraten, 기술관료)의 집권이 지적되고 있지요.[68]

정치 이론에서는 콜린 크라우치[69]가 말했듯이, 민주적이라기보다는 과두정치적(과두정치, 소수의 사람이나 집단이 사회의 정치적 · 경제적 권력을 독점하고 행사하는 정치체제-역주)인 그룹들이 점점 더 발언권이 커지고 언론도 장악하는 포스트 민주주의가 거론되고 있습니다. 이런 흐름 속에서 무엇을 할 수 있을까요?

스테판 에셀 가령 월가 점령시위 같은 운동을 할 수 있지요. 하지만 그것만이 아니라, 지속적인 항의와 현재의 경제운용 방식에 대한 일반화된 분노도 중요합니다. 변화는 대체 어디에서 올 수 있을까요? 서로 연대하는 것을 통해 가능합니다. 특히 상황을 변화시키고 싶고 또한

68 2011년 이탈리아의 실비오 베를루스코니 총리가 사임한 뒤 신임 총리로 지명된 경제학자 출신의 마리오 몬티는 유럽 채무위기로부터 이탈리아를 방어한다는 명분 아래, 정치인들을 철저히 배제하고 오로지 금융 테크노크라트들만으로 내각을 구성했다. (편집자 주)

69 Colin Crouch. 1944년생. 영국의 정치학자. 2004년에 『포스트 민주주의(Post-Democracy)』라는 책을 펴냈다. 크라우치는 포스트 민주주의를 다음과 같이 정의한다. "전과 다름없이 선거가 치러지기는 한다. 그리고 선거를 통해 정부가 교체되기도 한다. 그러나 선거전이 펼쳐지는 동안 PR 전문가로 구성된 경쟁적 선거운동본부가 공적 논쟁을 주도하여, 논쟁은 거의 구경거리로 변질되어 버리며, 전문가들이 미리 선택한 주제들만이 토론될 뿐이다. 거기서 대다수의 시민들은 수동적이고, 말이 없으며, 심지어는 정치에 냉담해진다……. 이런 정치 쇼에서 현실정치는 닫힌 문 안에서 선출된 정부와, 기업의 이해관계를 대변하는 엘리트들에 의해 이루어진다." 크라우치는 신자유주의에 대해 "국가가 민생을 돌보는 데서 퇴각하여 시민들을 정치적으로 냉담하게 만들면 만들수록, 다국적기업은-적잖이 의식되지 않는 가운데-국가를 셀프서비스 상점처럼 이용한다. 그걸 깨달을 수 없다는 게 바로 신자유주의적 사고의 기본적 순진함이다."(콜린 크라우치, 『포스트 민주주의』, 2008, p10, 29 이하)

변화시킬 수 있다는 믿음을 가진 젊은이들이 뭉쳐야만 가능해요. 젊은이들이 정부와 금융권력의 이야기만 들어서는 안 되고, 시민으로서의 책임을 의식해야 합니다.

롤란트 메르크 그렇다면 당신은 유럽 젊은이들을 실업으로 내모는 현재의 채무위기 극복방식이 지속되다가, 현 정책이 저절로 전복될 거라고 생각하십니까?

스테판 에셀 글쎄요. 나의 책 『분노하라』가 단 한 가지 기여했던 부분은 민간사회의 주역들에게 이렇게 얘기했던 것입니다.
"잠깐만! 책임을 자각하세요. 여러분은 일자리를 얻을 수 있습니다. 아무것도 할 수 없다고 말하지 마십시오. 그렇지 않아요! 여러분은 뭔가를 할 수 있습니다! 많은 사람이 거리로 나가 정부가 더 이상 무시해 버리지 않도록 하십시오. 그러면 여러분의 상황은 변화될 것입니다."
따라서 내가 지상의 분노한 사람들에게 호소하고 싶은 것은, 정치에 관심을 갖고 적극적으로 참여하여 마침내 새로운 방식의 사회 발전을 이룩하라는 것입니다.
내가 늘 말하지만, 정말로 주변을 둘러보고 지금 대체 무슨 일이 일어나고 있는지를 자문한다면, 젊은이들에게 일자리가 없다는 것뿐 아니라 함께 뭉쳐 조직을 이루는 무리들이 점점 더 많아지고 있음을 볼 수 있어요. 약간만 둘러보면 그런 긍정적인 움직임들을 언제나 발견

할 수 있습니다.
따라서 할 일이 많아요. 특히 젊은이들이 할 일이 많습니다. 지속가능성과 사회적 경제를 이루기 위해 노력해야 합니다. 그것이 젊은이들의 미래를 좌우하니까요.
올바른 방향으로 나아가는 환경운동과 정당들을 도우십시오! 가난한 나라들의 경제발전을 도모하도록 세계무역기구에 구조적인 개혁을 요구해야 합니다. 우리는 많은 수단들을 가지고 있습니다. 그러나 젊은이들이 우리는 어떤 기구도 수단도 필요 없다고, 우리에겐 정당이 필요 없고 우리는 우리끼리 남아 우리끼리 분노할 거라고 말한다면, 그것은 바람직하지 않고 충분하지도 않습니다. 자신의 동력과 에너지를 다른 모든 이들과 전진할 수 있는 곳에 쏟을 수 있도록 젊은이들을 설득해야 합니다.

롤란트 메르크 팔레스타인 이야기로 돌아가 보지요. 당신은 팔레스타인인들과 팔레스타인 국가 성립을 위해 노력하고 계시고 러셀 트리뷰널 온 팔레스타인에서도 활동하고 계신데요. 팔레스타인에 대해 그렇게 분노하는 것은 무엇 때문입니까?

스테판 에셀 1948년 이스라엘이 건국되었을 때 나는 서른 살 남짓이었고, 나는 이스라엘의 친구이자 조력자였습니다. 많은 친구들과 달리 내가 직접 희생당하지는 않았지만, 쇼아(Shoah, 히브리어로 '절멸'이란 뜻으로 나치에 의한 유대인 대량학살을 뜻한다-역주)를 몸소 경험한 후

나는 박해당하는 유대인들을 위한 나라가 필요하다고 보았어요. 그러나 또한 그 나라가 '역사적 팔레스타인' 영토를 모두 포괄할 수는 없다고 생각했습니다. 그 지역에는 많은 아랍인들이 있고, 그들도 그들의 국가를 가져야 하기 때문이었지요.

롤란트 메르크 방금 팔레스타인인들이라고 하시지 않고 "아랍인들"이라고 하셨는데 그 이유는 뭐죠?

스테판 에셀 당시 영국이 팔레스타인 영토에 대한 위임 통치를 했지, 특정 민족에 대한 위임 통치권을 가지고 있었던 것은 아니니까요.(당시 팔레스타인 지역엔 여러 민족들이 존재했으므로 특정민족—아랍인—만을 '팔레스타인인'으로 부를 수 없었다는 뜻- 역주)

롤란트 메르크 좋아요. 영국인들은 팔레스타인이라는 말로 단순히 영토를 칭했습니다. 그러나 팔레스타인인들은 자신들을 언제나 팔레스타인인들이라 불렀죠.

스테판 에셀 분할안이 여물던 1940년대에는 팔레스타인인들에 대해서는 이야기되지 않았고, 단지 팔레스타인이라는 지리적 명칭만이 거론되었습니다. 그 지리적 영역 안에 많은 유대인과 기독교인들과 아랍인들이 더불어 존재하고 있으며, 그들 모두가 이전에는 오스만 투르크의 일부였다는 것을 알고 있었지요. 그러나 팔레스타인인들에 대해서는 이야기가 되지 않았습니다.

나는 역사적 팔레스타인 영토의 55%는 이스라엘인들에게, 45%는 팔레스타인인들에게 분할해 주는 것이 가능한 해법이라고 생각했어요. 1948년 팔레스타인인들이 그들이 거주하던 도시와 마을을 떠나야 했을 때, 이런 방법이 팔레스타인인들에게 커다란 문젯거리가 되리라는 것을 나는 알지 못했지요. 하지만 그 뒤 1967년 6일 전쟁이 일어났고, 그 이후 이스라엘은 유엔의 진정한 민주주의 회원국에게서 기대할 수 있는 태도와는 완전히 다른 태도를 취해 왔습니다.

유엔은 다른 나라를 점령하고 식민화하고 국제적인 조약을 깨뜨리는 나라를 용납할 수 없습니다. 이스라엘 정부가 하고 있는 일은 내가 옹호하는 인권과 국제적 합의를 거스르는 것이에요. 그 때문에 나는 우리가 팔레스타인인들을 도와야 한다고 생각합니다. 그들은 국제적 인정을 필요로 해요. 유엔에서 팔레스타인을 국가로 인준 받으려는 마무드 압바스[70]의 노력이 결실을 보지 못하고 지지부진하게 머물러 있는 것은 참으로 안타까운 일입니다.

아직 가능성이 없지는 않지만, 우리는 유감스럽게도 팔레스타인의 유엔 가입을 저지하고자 하는 세력이 있다는 것을 이미 알고 있어요. 그건 바로 미국입니다. 우리는 버락 오바마가 대통령에 선출된 이후 새로운 미국이 탄생하기를 희망했지만, 지금까지 이런 희망은 물거품이 되고 말았습니다.

롤란트 메르크 2009년 카이로에서 했던 오바마의 위대한 연설에도 불구하고 그의 정책은 팔레스타인인들을 섭섭하게 했습니다. 오바마는 2011년 5월에도 아랍의 봄을 계기로 이제 아랍국가의 변화는 부인될 수 없을 것이라고 말했지만, 대외적인 팔레스타인 정책은 달라진 게 없었지요.

팔레스타인의 유엔 가입 신청과 관련해서 오바마는 "이스라엘을 궁지로 내모는 일방적인 정책"이라고 말했습니다. 팔레스타인은 대체 얼마나 오랫동안 민족으로서, 국가로서 인정받을 수 없는 걸까요? 팔레스타인 난민들의 이른바 1948년의 비극인 '나크바'는 얼마나 더 오래 부인되어야 할까요? '나크바'라는 말은 75만 명의 팔레스타인인들의 운명을 칭하는 말입니다. 그들은 이스라엘의 공식적인 주장과는 달리 자원해서 국경을 넘은 것이 아니고, 대부분 내쫓김을 당했지요. 얼마 전 당신과 대화를 나눴던 엘리아스 산바르[71]나 왈리드 칼리디[72] 같은 팔레스타인의 역사가들은 1948년 이스라엘-아랍 전쟁 이전과

70 Mahmud Abbas. 1935년 갈릴리 사페드 출생. 파타(Fatah, 팔레스타인 민족해방운동)를 선도한 정치가, 팔레스타인 해방기구 PLO의 의장이자 팔레스타인 자치정부 수반이다.

71 스테판 에셀 & 엘리아스 산바르, 『Israel und Palästina auf Frieden und Recht auf Land(이스라엘과 팔레스타인, 평화에 대한 권리, 땅에 대한 권리)』(2012) 참조.
Elias Sanbar, 1947년 하이파 출생. 팔레스타인 역사가. 『Revue d' etudes palestiniennes(팔레스타인 연구 리뷰)』를 설립했고, 마흐무드 다비시의 작품들을 프랑스어로 옮겼으며, 유네스코의 팔레스타인 대사이다. 저서로 『Palestine, 1948, l'expulsion(팔레스타인, 1948, 배제)』(1984), 『Figures du Palestinien-Identite des origines, identite de devenir(팔레스타인 정체성의 기원 및 형성에 대한 이해)』(2004) 등이 있다.

72 Whalid Khalidi. 1925년 예루살렘 출생. 팔레스타인 역사가로 하버드대학과 프린스턴 등에서 강의하고 있다. 주요 저서는 1992년에 나온 『All That Remains: The Palestinian Villages Occupied and Depopulated by Israel in 1948(폐허: 이스라엘에 점령되고 내쫓긴 팔레스타인 마을들)』.

전쟁 동안 수백 개의 팔레스타인 마을들과 도시 지역에서 자행된 파괴와 철거 작업에 대해 기록하고 있는데, 그들이 저서에서 강조하는 것은 팔레스타인인들의 피난이 자원한 것이 아니라는 점이며, 이는 '신 역사학자' 라고 불리는 이스라엘 역사가들도 확인하고 있는 사실입니다.

스테판 에셀 그래요. 일란 파페[73]도 그의 『팔레스타인의 인종청소』라는 책에서 그것을 확인하고 있지요.

롤란트 메르크 베니 모리스[74]의 『팔레스타인 난민문제 발생에 대한 재검토』라는 책도 마찬가지입니다. 그동안 이스라엘에서 나온 수많은 책들 중 이 두 역사서는 역사의 이런 장면들을 아주 정확히 다루고 있지요.

이스라엘의 팔레스타인인들을 '제5전선'이라 칭하며 그들에게 이스라엘을 향한 충성 맹세를 하라고 요구하는 이스라엘 외무장관 아비그도르 리버만과 그의 정당 '이스라엘 베이테뉴(Israel Beitenu)' [75]는 나

73 Ilan Pappe. 1954년생. 하이파 출생. 이스라엘의 대표적인 신(新) 역사학자. 엑세터대학에서 강의하고 있다. 저서로 『The Making of the Arab-Israeli Conflict, 1947-1951(아랍-이스라엘 갈등 형성)』(1992)와 『Die ethnische Säuberung Palästinas(팔레스타인 인종청소)』(2007) 등이 있다.

74 Benny Morris. 1948년생. 이스라엘의 대표적인 신(新) 역사학자. 저서로 『The Birth of The Palestinian Refugee Problem Revisited(팔레스타인 난민문제 발생에 대한 재검토)』(2004) 등이 있다.

75 이스라엘 외무장관 아비그도르 리버만이 이끄는 극우정당. (편집자 주)

크바에 대해 애도하는 것을 불법행위로 처벌하고자 했습니다. 하지만 이스라엘 측에서 나크바를 인정하는 것은 팔레스타인과 이스라엘의 화해를 위한 전제가 아닐까요?

스테판 에셀 그래요, 당신 말이 맞습니다. 그건 아주 중요한 포인트예요. 당시 나는 1947/48의 분할이 아주 적절하다고 보았어요. 그러나 오늘날 나크바를 인정하는 것은 아주 중요합니다. 슬픈 역사를 인정하는 것은 언제나 중요하지요. 나크바를 인정하고 시인해야 해요.

그러나 그 상황을 완전히 수습할 수는 없습니다. 나크바 이후 난민이 된 모든 팔레스타인인들을 다시금 이스라엘로 데려올 가능성은 없거든요. 그것은 뭐랄까, 좋지 않은 해법일 거예요.

우리는 이스라엘이라는 국가를 필요로 합니다. 그러나 최소한 팔레스타인인들에게도 정의가 실현되어야 하고, 나크바는 팔레스타인 역사의 슬픈 장면으로 인정되어야 하지요. 난민문제를 해결하기 위해 최선을 다해야 해요. 팔레스타인인들이 다시금 인간답게 살고 존중을 받을 수 있도록 해줘야 합니다.

그러기 위해선 국제법이 협상의 출발점이 되어야 해요. 유엔 안보리의 결의안을 인정해야 합니다. 이 결의안은 난민들에게 배상을 해야 한다고 밝히고 있어요. 하지만 모두가 살던 곳으로 돌아가야 한다고 하지는 않지요. 중요한 것은 최소한 팔레스타인이라는 국가가 당시 우리가 원했던 대로, 안보리의 결의안에 명시된 대로 되는 것입니다. 동예루살렘을 수도로 하고, 국경은 1967년 이전대로 하고……. 그것이 주안점이에요.
오바마는 머뭇거리기는 했지만, 그런 안을 옹호했습니다. 하지만 문제는 그가 이를 어떻게 이룰 수 있을까 하는 것이겠지요. 이스라엘 정부에게 더 엄격하게 하지 않으면서도 어떻게 그게 가능할까…….

롤란트 메르크 …또한 이스라엘의 정착촌 정책을 강하게 비난하지도 못하고…….

스테판 에셀 …그렇죠? 바로 그것이 현재 우리에게 부족한 것입니다. 이제 우리는 그것을 위해 노력해야 해요.

롤란트 메르크 에셀 씨는 중동 갈등을 계속해서 1967년 내지 6일 전쟁 탓으로 돌리고 계신 듯합니다. 그러나 나크바는, 그리고 오늘날 그들을 힘들게 하는 난민문제는 우리가 방금 이야기한 것처럼 이미 1948년의 1차 중동전쟁(이스라엘-아랍 전쟁) 이전, 그리고 그 전쟁의 결과 아닌가요?

스테판 에셀 맞습니다.

롤란트 메르크 1947/48년 팔레스타인인들이 자원해서 자신들의 땅을 떠난 것이 아니라 대부분은 강제로 하이파, 야파, 티베리아스 등 살던 도시나 마을들을 떠날 수밖에 없었다는 사실이 정확히 인식되지 않은 듯한 인상을 받습니다. 에셀 씨는 자꾸 1967년에 비중을 두시는 것 같은데요.

스테판 에셀 1947/48년의 분할에 관한 한, 당시—당시 나는 팔레스타인을 잘 몰랐지요—나는 이 땅에 이미 유대인들이 있고, 전 세계의 유대인들이 모일 수 있게끔 그들에게 나라를 주어야 한다고 생각했습니다. 물론 그건 일부 팔레스타인인들은 거기에 머무를 수 없고 떠나야 한다는 것을 의미했지요.

역사에서 그런 상황은 많았어요. 새로운 나라가 탄생될 때마다, 어떤 이들은 피난민이 되어야 했죠. 폴란드와 독일도 그랬고, 어디나 계속 그런 일이 있었습니다. 그것은 슬픈 일이에요. 따라서 나크바를 슬픈 사건으로 인정해야 합니다. 하지만 그것을 되돌릴 수는 없어요.

롤란트 메르크 역사는 되돌리는 문제가 아니라 인정과 보상의 문제이지요. 그밖에도 유엔은 애초에 팔레스타인인들과 유대인들을 위해 두 국가를 선포할 수 있다고 생각했어요.

스테판 에셀 남아공 사람들은 우리에게 역사를 되돌릴 수 없더라도 인정받는 것이 가장 중요하다는 것을 가르쳐 주었습니다. 민주적인 이스라엘 정부에게서도 그것을 기대할 수 있을 겁니다.

지난가을 나는 파리의 생 미셸 다리에 서서, 프랑스 경찰들이 지금으로부터 50년 전인 1961년 10월 17일, 알제리 민족해방전선 시위대에 대한 무자비한 진압 과정에서 시위대를 학살하여 센강에 던져 버려 센강물이 붉게 물들었던 일을 상기하며 분노했어요. 유감스럽게도 프랑스는 오늘날까지 이를 공식적으로 인정하지 않고 있습니다.

롤란트 메르크 취리히 연설에서 에셀 씨는 이스라엘의 미래 시나리오에 대해 말씀하셨습니다. 무조건 유대인 다수가 필요한 것이 아니라, 다수의 무슬림과도 민주적으로 살 수 있다고요. 이런 생각은 이스라엘의 수상 베냐민 네타냐후가 최근에 팔레스타인인들에 대해 제기한, 이스라엘이라는 나라의 유대적 특성을 인정하라는 요구와 배치되는데요.
팔레스타인인들은 두 가지 이유에서 그 요구에 따를 수 없는 실정인데, 우선 이스라엘 인구의 약 20퍼센트가 무슬림과 기독교인들로 구성된 팔레스타인인들이고요. 두 번째로 그 요구를 따르면 '유엔 결의안 194'[76]에 입각한 팔레스타인 난민 귀환권에 대한 적절한 합의가 물 건너가 버릴 것이기 때문이죠. 현대의 민주적이고 세속적인 국가는 그곳 모든 시민들의 국가가 되어야 하는 것 아닐까요?

스테판 에셀 역사적으로 이스라엘이 존재하게 된 이유가 무엇이었는지부터 살펴봐야 합니다. 그것은 유대인 디아스포라[77]에게 그들이 고향을 느낄 수 있도록 조국을 만들어 주어야 한다고 생각했기 때문이었어요. 그러나 그것은 이스라엘이 단지 유대인들만을 위한 것이라는 의미는 아닙니다. 이스라엘은 유대인들이 편안하게 느낄 수 있는 나라여야 하지만, 신앙에 상관없이 모든 사람을 포괄하고, 다른 나라들에서도 사람들을 받아들일 수 있을 만큼 충분히 민주적인 나라가 되어야 해요. 현대의 모든 국가가 그래야 하지요. 물론 팔레스타인도 마찬가지고요.

만일 팔레스타인이라는 국가가 있다면, 유대인도 팔레스타인에 거주하지 말라는 법이 없습니다. 그렇게 우리는 민주적, 국제적으로 올바른 해법에 이르게 되는 것이죠. 나는 늘 팔레스타인인들과 유대인이 서로 어울려 살 수 있다고 생각해 왔습니다. 그것은 현재로선 둘이 하나의 국가를 이루어야 한다는 의미가 되지요.

롤란트 메르크 이를테면 열린, 세속적, 민주적 국가라고 할 수 있겠군요.

스테판 에셀 맞아요. 그것이 이스라엘과 미래의 팔레스타인을 위해 필요한 선언이에요. 수단, 튀니지, 리비아도 종교와 국가가 분리된 세속 국가가 필요합니다. 어디서건 서로 다른 구성원을 존중하는 열린 사회가 필요해요.

프랑스 같은 나라에게도 이를 더 요구해야 해요. 프랑스는 이주민이 많습니다. 프랑스인들의 2/3 이상이 할머니나 할아버지가 외국 출신

76 팔레스타인 난민들이 원래 살던 곳으로 되돌아갈 수 있는 권리를 인정한 1948년 12월 11일 유엔 총회 결의안. (편집자 주)

77 흩어짐, 또는 흩어진 사람들. 기원전 6세기 '바빌로니아 유수' 이후 수천 년간 타국을 떠돌아야 했던 유대인들의 이산(離散)의 삶을 뜻한다. (편집자 주)

이에요. 문화가 사이좋게 공존하는 것은 오늘날 그 어느 때보다 중요합니다. 그도 그럴 것이, 오늘날에는 전 세계를 포괄하여 개개인의 관계가 아주 밀접하기 때문이지요.

롤란트 메르크 하지만 중동 갈등과 그 근원에 대한 역사 인식에 이스라엘에 대한 의무뿐 아니라 팔레스타인에 대한 의무도 들어가는 것이라면, 이스라엘이 계속 인권을 침해하고 식민화에 힘쓰는 상황에서, 이를 적잖이 침묵으로 용인해 주는 대신 국제적으로 공론화시켜야 마땅하지 않겠습니까?

스테판 에셀 그렇습니다. 팔레스타인인들에 대한 이스라엘의 태도는 아주 괘씸합니다. 그들은 팔레스타인 사람들을 좋은 관계를 맺어야 하는 이웃 민족으로 대하지 않고 마치 팔레스타인인들이 없는 것처럼 행동해 왔고, 거듭된 유엔의 권고를 무시해 왔어요.
이스라엘은 1967년 이전의 국경을 받아들여야 합니다. 동예루살렘은 팔레스타인의 수도가 되어야 합니다. 국제사회는 이스라엘 정부에 계속해서 그것을 환기시켰지만, 그들은 듣지 않았어요. 나는 유대교인들과 관계가 아주 좋지만, 무슬림도 유대인들처럼 도움을 받을 권리가 있다고 생각합니다.
우리는 팔레스타인이라는 국가를 필요로 합니다. 이스라엘의 우방으로서 팔레스타인을 말이에요. 그러나 지난 60년간 잘못된 정책으로 인해 양편이 아주 많은 미움을 키웠어요. 그러므로 새로 시작해야 합니다. 그런 이유로 나는 텔아비브의 로트쉴트 거리에서 분노의 시위가 일어난 것을 아주 흥미롭게 생각해요.

롤란트 메르크 하지만 정착촌 정책에 대해 분노한 건 아니었잖습니까?

스테판 에셀 아직은 아니지요! 하지만 이스라엘 사람들이 어째서 자기들이 사회적 경제적 어려움을 겪는지 생각하면, 비용이 많이 드는 이스라엘 정부의 식민정책을 의문시하게 되고…….

롤란트 메르크 이스라엘에도 봄을 기대하십니까?

스테판 에셀 그렇지요. 봄은 무엇보다 다른 사람들에게 꽃을 준다는 의미입니다.

롤란트 메르크 물론 놀라울 겁니다. 하지만 유엔 안보리와 관련하여 다시금 겨울이 찾아오는 것 같은데요. 팔레스타인의 유엔 가입이 미국에 의해 거부되고 있잖아요.

스테판 에셀 팔레스타인인들에게 공감해야 합니다. 이스라엘의 현 정부는 우리의 공감이 필요하지 않아요. 공감할 만한 행동을 보이지 않으니까요. 유대인에 대한 공감과 감정이입은 이스라엘 정부에 대한 공감과 감정이입과는 완전히 다릅니다. 이런 차이를 강조해야 합니다.

유대인에 대해서는 그들의 운명을 최대한 동정하고 공감해야 해요. 그들은 내내 소수민족 박해라는 고통스런 역사에 시달리다가 결국 쇼아를 겪어야 했죠.

하지만 이스라엘 정부에 대해서는 의무를 지게 해야 합니다. 이스라엘은 의무가 있거든요. 유엔의 도움 없이는 결코 존재할 수 없었기 때문입니다. 이런 정부가—그 국민이 아니라—이런 좋은 관계를 깨뜨리기 위해 온갖 것을 다한다면, 다른 국가들이 이 나라를 여느 비슷한 나라들처럼 엄격하게 취급할 의무가 있습니다.

반면 지난 40년 내지 60년 동안 팔레스타인 민족은 너무나도 고통을 받았습니다. 이스라엘의 봉쇄로 인해 오늘날 가자 지구에서는 건축자재가 없어 흙집을 짓는 실정이에요. 우리는 유럽에서 프레카리아트가 증가하고 있다는 말을 했지요. 팔레스타인의 프레카리아트는 당연히 훨씬 더 안 좋습니다.

팔레스타인은 세계인들의 관심을 필요로 합니다. 물론 개별적인 일에서 한쪽이 옳고 한쪽이 틀렸다는 의미는 아닙니다. 하지만 팔레스타인인들은 지금까지 아무것도 선사받지 못했습니다. 이런 상황이 계속되어 팔레스타인인들에게 관심을 갖지도 인정해 주지도 않는다면 우리는 정치적으로, 철학적으로, 또는 종교적으로 잘못을 저지르는 것입니다. 그것도 중요한 때, 바로 아랍의 봄 와중에 말이에요.

롤란트 메르크 귄터 그라스[78]는 최근에 〈거론하지 않으면 안 되는 것〉이라는 시를 써서 격렬한 비난을 받았습니다. 저는 이 논쟁이 다시 한

번 유야무야되지 않기를 원합니다. 그러나 이런 논쟁이 벌어지는 와중에서도 독일에서는 이스라엘의 점령이나 웨스트뱅크(요르단강 서안)의 불법 정착촌, 동예루살렘을 합병하려는 움직임, 가자 지구에 대한 엠바고[79], 국제법과 인권 침해, 유엔결의안 침해 등은 거의 함구되었으리라 생각합니다. 이 모든 일에 대해서는 유엔이 상세하게 조사하여 기록하고 있지요.

비공식적이긴 하지만 사실상 이스라엘이 핵무기를 보유하고 있는 것에 대해서도 그라스는 국제적 감시가 필요하다고 봅니다. 이란을 포함해서 말이에요.

저는 중동 갈등에 대한 독일의 태도에 고개를 설레설레 젓곤 합니다. 가령 2011년 독일 때문에 팔레스타인의 유네스코 가입이 저지된 적이 있었죠. 팔레스타인에게 인정해 줄 수 있는 최소한의 요구인데도 말이에요.

이번에도 저는, 독일에서 이스라엘 정부를 비판하거나 인권과 국제법을 침해하는 이스라엘의 외교정책을 지적하는 순간 반유대주의라는 의심을 사게 된다는 걸 실감했어요. 이 문제를 어떻게 보시죠?

78 Günter Grass. 1929년생. 독일의 소설가. 『양철북(Die Blechtrommel)』(1959)으로 세계적 주목을 받았고 1999년엔 노벨문학상을 수상했다. '독일의 양심'으로 불리는 평화주의자이며 특히 이스라엘에 대해 비판적이어서, 본문에 언급된 시(2012.4) 외에 2012년 9월에도 이스라엘의 핵무장을 비판하는 시를 발표했다. (편집자 주)

79 Embargo. 원래는 국가 간 선박운행 금지를 뜻하는 법률용어지만 '한시적 보도 제한'을 의미하는 매스미디어 용어로 더 많이 쓰인다. 여기에선 후자의 뜻.

스테판 에셀 귄터 그라스가 아주 용감하다고 생각합니다. 그는 물론 심한 공격을 받았지요. 국제법을 전혀 나몰라라 하는 이스라엘 정부를 이해할 수 없으며, 그 때문에 이스라엘 현 정부를 도와서는 안 된다는 이야기를 갑작스레 꺼내었기 때문인 듯합니다.

2차대전을 겪은 동시대인들을 염두에 두어야 합니다. 2차대전 당시 유대인들의 삶을 기억하는 사람들은 이제 이스라엘 정부가 그들의 나라와 미래를 지키기 위해 무슨 조치를 취하든지, 설사 이스라엘 정부가 우리 모두가 국제법이라고 여기는 것에 저촉되는 행동을 할지라도 아무 말도 할 수 없다고 생각할 겁니다.

불행히도 미국 역시 마찬가지예요. 미국 역시 국제적 협정을 준수하지 않고, 자신들의 힘이 필요할 때 개입할 수 있다고 생각합니다. 그런 상황은 확인만 할 수 있을 따름이죠. 그리고 물론 독일에는 이스라엘 문제에 대한 개입을 꺼리는 태도가 만연해 있고요.

롤란트 메르크 그렇습니다. 독일 사람들은 이스라엘을 비판하는 걸 꺼려요. 역사적으로 충분히 이해할 수 있는 이유에서죠. 독일은 성공적으로 과거를 극복해 냈지만, 한 가지 점에서는 문제가 있다는 생각이 듭니다. 과거 극복이 종종 현재를 극복하는 데 걸림돌이 된다는 점에서 말이에요. 독일은 이스라엘 정부에 대해 왈가왈부할 엄두를 내지 못해요. 이런 상황이 유럽 전체의 외교 정책에 부담이 되고 있죠.

스테판 에셀 간단히 말해 독일인들은, 아니 그들뿐 아니라 전체 유럽인들은 유대인들에 대한 죄책감을 어떻게든 떨쳐 버리길 원했어요. 이것은 치욕스런 2차대전이 끝난 후 박해받은 유대인들에게 뭔가 보상을 함으로써만 가능했는데, 그때 다른 이들에게서 뭔가를 빼앗아 유대인들에게 주었던 것입니다.
프랑스는 아프리카에 대한 감정이 복잡해요. 과거의 식민 지배 때문이지요. 독일도 아프리카에 식민지를 가지고 있었지만, 프랑스와 아프리카의 관계는 프랑스인들이 과거에 아프리카인들을 학대했던 이유로 여전히 부담스러운 반면, 독일은 아프리카와의 이런 과거사를 극복했어요.
독일은 이스라엘과도 그렇게 할 수 있을 겁니다. 언젠가 부담되는 관계를 극복하게 되겠지요. 프랑스 역시 유대인에 대해 자유로운 태도를 취하지 못해요.

롤란트 메르크 스위스도 마찬가지입니다. 최근에 와서야 그것을 자각하고 있지요.

스테판 에셀 그러나 독일인들에게 이런 역사적 부채감에 더하여 아주 중요한 것은 정의, 즉 권리입니다! 우리는 정의의 시대에 살고 있어요. 정의를 위해 노력하는 조력자들은 점점 더 많아지고 있지요.
우리 모두 정의로 연결되었던 시대가 있었습니다. 베를린 장벽이 붕괴된 후 1990년대가 그랬죠. 쿠웨이트를 정복했던 이라크의 예를 들어 볼까요? 거기서 우리 모두는 사담 후세인에 반대했어요.

그러고 나서 유감스럽게도 9.11이 일어났죠. 그리고 조지 W. 부시 정부가 들어서면서—이것은 국제 외교에 가장 영향이 컸던 사건이었죠—자기들이 세계를 이끌 권리가 있다는 미국의 주장이 제기되었습니다. 가능한 한 유엔과 더불어, 그러나 또한 필요하다고 생각될 때면 유엔 없이도 말이에요.

롤란트 메르크 네, 미국인들이 유엔을 도구화했죠. 미국인들은 동조하지 않는 사람들에게 이런 메시지를 던졌습니다. 우리와 함께하지 않는 자는 우리에게 반대하는 자다!

스테판 에셀 그렇습니다. 그로써 중요한 것, 즉 정의가 무너지고 있습니다.

롤란트 메르크 독일 특유의 문제로 다시 한 번 돌아가고 싶군요. 에셀 씨가 완전한 대답을 주신 것 같지 않아서요. 독일은 역사적인 이유에서 이스라엘에 대한 부채의식을 느끼고 있습니다. 하지만 이런 역사적 이유들을 큰 차원에서 파악한다면, 에셀 씨도 조언하는 바, 이스라엘에 대한 역사적 의무가 있을 뿐 아니라 팔레스타인에 대한 역사적 의무도 있음을 간과해서는 안 됩니다. 박해받은 유대인들의 나라는 이미 한 민족이 둥지를 틀고 있던 장소에 만들어졌으니까요.

스테판 에셀 맞습니다. 그래서 우리는 이스라엘에게 강하게 대해야 합니다. 물론 우리 유럽인들은 팔레스타인인들을 위해서도 모금을 합니다. 유감스럽게도 팔레스타인 사람들에 대한 의무를 이스라엘에 대한 의무만큼 중요하게 여기지 않을 뿐이지요.
그러나 다시 한 번 말하지만 국제적 권리가 있습니다! 팔레스타인인들도 가령 에스토니아나 니카라과 사람들과 마찬가지로, 다른 모든 사람과 동일한 권리를 가지고 있어요. 따라서 민주적이지 못하고 과두정치와 독재가 지배한다면, 아랍국가들에 봄이 온다면, 우리는 물론 거기에서 그들을 도와야 합니다. 그렇게 하지 않는다면 죄책감이 들 겁니다. 그러면 우리는 더 많은 것을 할 수 있지 않았느냐는 말을 듣게 될 것입니다. 이집트, 튀니지, 그리고 팔레스타인을 위해서…….

롤란트 메르크 권터 그라스의 시에서 촉발된 논쟁에 대한 답변으로, 알프레드 그로세[80]는 이런 기사를 썼습니다. 독일 학생들이 자기에게 이스라엘을 어떻게 보아야 하느냐고 물으면 이렇게 대답한다고요.
'죄책감을 가지지는 말라, 하지만 언제나 히틀러와 제3제국을 생각하고, 어디서든 인간의 존엄을 수호해야 하는 의무가 있음을, 또한 팔레스타인의 존엄성도 수호해야 할 의무가 있음을 잊지 말라!'
지당한 말인 것 같습니다. 에셀 씨는 독일인들에게 뭐라고 조언하시겠습니까?

80 Alfred Grosser. 1925년생. 레지스탕스 출신의 프랑스 원로학자. 소르본대학 교수. 유럽에서 손꼽히는 독일문제 전문가 중 한 사람이다. (편집자 주)

스테판 에셀 독일은 앞으로도 오랫동안 유대인들에 대한 죄책감을 떨쳐내지 못할 겁니다. 그러나 미래의 독일과 중동의 관계, 그것을 넘어 독일과 이슬람 세계—인도, 터키, 아랍국가들—의 관계는 독일이 유럽과 함께 조율해 나가야 하는 아주 중요한 문제들이에요. 그러므로 '지중해연합(Union for Mediterranean)'을 결성하자는 프랑스인들의 아이디어는 나쁘지 않습니다. 독일인들도 그 아이디어에 함께하고 있지요. 이런 영역을 프랑스인들과 남유럽인들에게만 넘겨주기는 싫거든요.

이슬람 세계와 유럽의 관계. 그것은 오늘날 잘 생각해 보아야 하는 사안입니다. 독일은 그 일에서 다른 유럽 국가들보다 책임이 적지 않아요. 중요한 것은 이스라엘-팔레스타인 갈등이 서구와 이슬람 국가들의 관계에 어떤 역할을 하는가 하는 질문입니다. 독일인들은 그에 대해 생각해 보아야 합니다.

독일인들이 이슬람에 대해 다른 태도를 취하는 것이 가능하고 유익하고 중요할까요? 그러려면 작은 문턱을 넘어야 할 것입니다. "우리는 이스라엘만을 위하지 않는다, 우리는 팔레스타인도 위한다! 우리는 유대인, 기독교인과 마찬가지로 무슬림을 위해서도 노력한다, 우리는 서구와 이슬람이 공동의 길을 모색하는 글로벌 사회를 필요로 한다"고 말하면서요. 결론은 "우리는 아랍의 봄에 관심이 있다!"라는 것이고, 그것은 독일 외교에 매우 중요할 것입니다.

롤란트 메르크 마지막으로 에셀 씨의 역사적 경험을 이야기해 보고 싶은데요. 당신은 거의 100년을 살아오셨습니다. 프리드리히 니체는 『삶을 위한 역사의 장점과 단점』이라는 책에서 역사와 함께해 온 인간을 어떻게 보아야 할지 다루었는데요. 당신은 역사로부터 무엇을 배웠습니까? 역사를 어떻게 보아야 할지 충고해 주시겠습니까?

스테판 에셀 긴 인생을 살면서 세계사의 변화 속도가 점점 빨라진다는 점이 눈에 띕니다. 내가 어린 소년이었을 때는 이런 질문들이 제기되었습니다. 누가 북유럽이고 누가 남유럽에 속하는가? 어떤 나라가 민주국가고, 어떤 나라가 그렇지 않은가? 미국인은 누구인가? 공산주의자들은 누구인가? 파시스트들은 누구인가? 그것이 당시의 질문들이었어요.

오늘날의 질문은 글로벌 착취로 얼룩진 세계를 어떻게 사회적으로 정의롭고 지속가능한 글로벌 공동체로 변화시킬 수 있는가 하는 점일 겁니다. 우리는 상호 의존적이고 상호 연대하는 세계 공동체를 만드는 데 전력을 다해야 하고, 우리 눈에 보이는 인류의 기본문제들과 싸우는 데 최선을 다해야 합니다. 재화 분배의 부당함과 자연을 다루는 방법의 부당함. 이 두 개의 기본문제는 줄곧 제기되어 왔지만, 이제는 정말로 깊이 연구해야 할 세계사의 결과물인 것 같습니다.

거기서 중요한 것이 무엇인지 자문해야 합니다. 미국, 중국, 러시아가 서로 타협이 가능한지 알아내는 것이 여전히 그렇게 중요할까요? 아니오. 그것은 더 이상 그리 중요하지 않습니다. 급한 것은 세계의 재화를 분배하는 방식에 관한 것입니다. 동시에 재화를 낭비하지 않도록 해야 합니다. 자연파괴는 더 이상 계속되어서는 안 되기 때문입니다.
지난 100년간 인류가 처한 기본적인 위험과 기본적인 희망은 크게 변했습니다. 이런 위험과 희망은 지난 세기를 거치며 탄생한 것들입니다. 이것은 우리에게 장점이 될 수도, 단점이 될 수도 있을 것입니다.

롤란트 메르크 문제들의 엄청난 부담 앞에서, 우리 시대의 도전에 대한 올바른 대답들을 찾을 수 있을까 하는 질문 앞에서 많은 역사를 겪어 오신 분으로서, 이 시대의 자발성은 어디에 남아 있을까요?

스테판 에셀 나는 우리가 오늘날 그 어느 때보다 자발적인 세계에 살고 있다고 생각합니다. 세계가 당면한 커다란 위험을 인식하는 것도 자발성이 없으면 할 수 없지요. 우리는 젊은이들을 위한 모델에 대해 이야기했고, 숱한 문제들을 어떻게 하면 빨리 해결할 수 있는지 이야기했어요. 결국 해답은 역사에서 나온다는 것을 확인하게 됩니다.
우리는 과두정치 경험에 대한 올바른 해답으로 민주주의를 발견했습니다. 과두정치 역시 그 전에 제기된 인류의 문제에 대한 해결책이었지요. 잘못된 해답이긴 했지만! 우리 모두는 그것을 경험했어요. 그리고 오늘날, 이제 이런 대답으로는 충분하지 않아요. 우리는 새로운 도전에 직면해 있습니다. 그리하여 나는 다시금 내가 아주 중요하게 생각하는 '개혁'이라는 말로 돌아갑니다. '인간성의 개혁' 말입니다.
우리 모두는 다른 사회와 함께 글로벌 사회로 나아가는 사회에 살고 있고, 그 사회의 겸손한 구성원으로서 이런 개혁의 의지를 소박하게나마 실행에 옮길 수 있어요. 아주 가까운 곳에서 말이에요. 우리는 뉴욕의 유엔 안보리까지 가서 발언하지 않아도 됩니다. 그냥 파리에 살면서 이렇게 혼잣말을 할 수 있지요. "여기 파리 14구는 나무가 너무 적어. 그러니까 뭔가를 해야 해."
이렇게 지역적으로 결정되는 행동은 늘 이성을 벗어나지 않도록, 정언명령을 통해 일반화될 수 있는 것인지 점검해야 합니다.

롤란트 메르크 한마디로 우리 모두 글로벌 사회의 구성원으로서 세계에 책임이 있단 말씀이시군요. 그러나 그것을 위해 글로벌한 권한을 가진 적절한 기관도 물론 필요하지요.

스테판 에셀 그렇습니다. 우리는 글로벌 사회를 이끌 수 있는 기관들을 강화시키도록 힘써야 합니다. 글로벌 문제들을 해결하기 위해서는 글로벌한 영향력을 가지고 국제적으로 합법성을 인정받는 기관들이 필요해요. 글로벌 사회가 점점 부상하고 있는 이 시대에 우리는 국가의 주권을 능가하는, 초국가적인 기관을 필요로 합니다.
그러므로 유엔 개혁이 시급합니다. 유엔에 구속력 있는 글로벌한 주권을 부여해야 해요. 글로벌 사회에는 당연히 세계정부가 있어야 하지요. 우리는 이제 이런 세계정부에 모든 수단을 부여하고, 민주적으로 조직해야 합니다.

롤란트 메르크 "그대의 삶을 변화시켜야 합니다." 에셀 씨가 좋아하는 라이너 마리아 릴케의 시 중 한 구절입니다. 삶을 변화시켜야 한다. 이것은 인류가 처한 위기에 직면하여 에셀 씨가 누누이 강조하는 핵심적인 요구인데요.
하지만 삶에 대해 이야기하는 자는 죽음에 대해서도 이야기하는 법. 저는 우리의 유한성을 일깨워 주는 죽음이 우리 사회에서는 더 이상 영향을 끼치지 못한다는 인상을 받게 되는데요. 다시금 죽음을 우리의 삶으로 편입시켜 우리 자신의 유한성을 더욱 의식하며 살아야 하지 않을까요?

스테판 에셀 그렇습니다. 한편 생각은 자유로워요. 생각은 무한까지 떠돌아다니죠! 오늘날 인간성의 개혁과 세계의 개혁으로 나아가기 위해 우리 모두는 스스로 창조자라는 생각을 해야 해요. 그리고 계속 창조하기 위해 저항해야 하고, 계속 저항하기 위해 창조해야 한다는 것을 명심해야 해요. 그것이 우리가 할 일입니다.

롤란트 메르크 당신의 파우스트적인 답변을 들으니 우리가 다시금 잘 활용할 수 있을 시대의 힘과 확신이 떠오르는군요. 작가 오스카 와일드는 언젠가 "세계지도에 유토피아라는 나라가 없다면, 세계지도를 들여다볼 가치가 없다"라고 말했지요.

스테판 에셀 그래요. 이상적인 생각 없이는 앞으로 나아가지 못합니다.

롤란트 메르크 용기를 잃은 사람들이 당신 생각은 현실에 부합하지 않는다며 비판할 때, 에셀 씨는 철학자 헤겔의 말로 대답을 합니다. "그렇다. 그러고 나면 현실은 더 안 좋아진다!"라고 말이죠. 바로 그게 당신의 의견이기도 한 것으로 보입니다만, 어찌할 바를 모르는 사람들, 용기를 잃은 사람들, 절망한 사람들에게 당신은 이렇게 말합니다.
"잠깐만요, 여러분. 우리에겐 전진밖에는 다른 길이 없습니다. 그렇지 않으면 막다른 벽에 부딪히게 돼요!"

스테판 에셀 맞아요. 날더러 낙천주의자라고 말하는 사람이 있으면 나는 언제나 이렇게 응수합니다. 더 좋은 곳으로 나아가는 길 외에 다른 길은 없다고 하는 점에서만 나는 낙천주의자라고.

롤란트 메르크 당신은 발터 벤야민의 글 '역사의 개념에 대하여'를 반복적으로 인용하시는데요. 거기에서는 낙원에서 쫓겨난 천사가 놀라서 눈을 동그랗게 뜨고 재난을 목격하지요. 하지만 당신은 동시에 "역사는 자유를 의식하는 가운데 진보한다"고 했던 철학자 게오르그 빌헬름 프리드리히 헤겔과도 생각을 함께하시는데요. 그것은 모순 아닌가요?

스테판 에셀 나의 낙천주의가 이야기하는 것은 단 한 가지입니다. 우리 인류는 지난 몇백 년간 이미 수많은 나쁜 상황들을 넘겨 왔습니다. 우리의 모든 역사는 투쟁과 전쟁과 파괴로 가득 차 있습니다. 우리는 인간으로서 결코 좋은 모습을 보이지 못했습니다. 하지만 그럼에도 우리는 전진해 왔고, 극복하기 어려운 많은 것을 극복해 왔습니다.
오늘날 우리는 특히 어려운 상황에 처했습니다. 세계를 지금까지 해왔던 대로 관리해 나가서는 안 됩니다. 모두가 충분히 먹고 살기에는 인구가 너무 많아질 것입니다. 우리 앞에 많은 위험이 존재합니다. 나는 이런 위험들이 쉽게 극복될 수 있다고 이야기할 정도로 낙천적이지는 않습니다. 그러나 극복하기 어렵기에 젊은이와 노인 모두의 참여가 필요하다고 말할 만큼은 낙천적이지요.
나의 낙천주의는 내게 말합니다. 우리 안에 잠재력이 있고, 우리가 가진 모든 가능성들이 아직 고갈되지 않았다고. 글로벌 사회로 가는 길목에서 이런 가능성을 이용할 때 비로소 인류에게 닥쳐오는 위험을 극복할 수 있을 것입니다. "그러나 위험이 있는 곳에 구원도 커진다"라고 시인 프리드리히 횔덜린은 썼습니다.

롤란트 메르크 시를 좋아하시는 걸로 알고 있습니다. 산문이 그렇게 많이 논의의 대상이 된 마당에 시가 다시금 힘을 가질 수 있을까요?

스테판 에셀 그렇습니다! 시가 힘을 가져야 한다는 말은 물론 약간 추상적으로 들립니다. 하지만 내가 말하고 싶은 것은 우리 안에 시적인 가능성이 있다는 것입니다. 시(poesie)는 그리스어 'poein'에서 유래하는데 '창조하다'라는 뜻이지요. 우리 안에는 새로운 관계를 만들어갈 가능성이 있어요. 우리는 낡은 인간성에 저항할 수 있고, 새로운 세계를 만들기 위해 새로운 인간성으로 나아갈 수 있습니다.

롤란트 메르크 마지막 질문입니다. 이 땅의 분노한 자들이 함께 가는 길에 마지막으로 한 말씀을 해주신다면?

스테판 에셀 이 땅의 분노한 자들에게 주는 나의 메시지는 분노하는 것에 그치지 말고 책임 있는 자세로 참여하라는 것입니다. 세계를 변화시키고, 공감하십시오. 진정한 글로벌 사회의 시민이 되십시오. 여러분은 여러분의 삶을 바꾸어야 합니다! 무엇 때문에 분노합니까? 여러분이 지금까지 여러분의 삶을 바꾸지 않았기 때문입니다.

신자유주의⑩ "사람은 꽃이다!"
– 희망은 버스를 타고!
(한진중공업, 2011) © 정택용

추천사

글을 읽기 전에 그의 삶을 읽어라!

거세된 분노를 일으켜 세우는 늙은 투사의 육성

• 홍세화(진보신당 대표)

1.

지금부터 내가 소개하려는 책은 지난여름 독일에서 출간된 스테판 에셀의 신간이다. 작년(2011) 6월, 스테판 에셀의 책 『분노하라』가 국내에서 출간되었을 당시 나는 가까운 주변에서 나온 어떤 반응을 지금도 기억한다. "한국에선 분노도 수입해야 하나?" 냉소라고만은 할 수 없는, 이 말이 남긴 묘한 여운은 다시금 그의 새로운 책 원고를 읽어 가는 동안에도 문득 다시 떠오르곤 했다.

『분노하라』는 앞서 프랑스 현지에서부터 시작된 뜨거운 반응이 한국에도 알려진 덕분에 독자의 반향이 있었고, 그 무렵 나는 출판사의 주선으로 이 책에 관해 강연할 기회가 있었다. 그때 내 머릿속을 맴돌

았던 것은 다름 아닌 바로 그 '분노도 수입되어야 하는 현실'이었다. 어떻게든 우선 이를 설명하는 것, 그것이 나의 역할이라 생각했다.

"파리(Paris)는 항상 이(齒)를 드러내고 있다." 빅토르 위고의 이 말에 따르면, 프랑스 사람들은 웃고 있거나 아니면 화를 내고 있거나 둘 중 하나이다. 이것은 다시 말해, 프랑스 사회는 시민혁명을 거친 근대 공화국으로 기존의 봉건질서를 무너뜨린 적이 있기 때문에 언제든 화낼 준비를 하고 있다는 의미이다.

예컨대 군주정치의 폭정은 자발적 복종이 있기에 가능한 것이라고 일깨운 16세기의 에티엔느 드 라 보에티에서부터 18세기의 볼테르를 거쳐 "사회적 불의보다는 차라리 무질서를 택해야 한다"던 20세기의 알베르 까뮈에 이르기까지, 프랑스 지식인 사회는 앙가주망(사회참여)을 자신의 의무로 생각했고 이를 인간의 보편적 정신과 가치로 확대시키려 노력해 왔었다. 이는 좌우를 막론하고 사회적 통념으로 받아들여져, 1950대 말 프랑스 식민지 알제리의 독립전쟁 자금을 전달했던 사르트르를 처벌해야 한다는 보고가 올라오자 당시 드골 대통령은 이런 말을 남기기도 했다. "그냥 놔두게. 그 사람도 프랑스인이야!"

이런 프랑스 사회도 많이 변했다는 것, 이것이 그저 왕년의 레지스탕스 투사로 자리매김 될 수도 있었을 스테판 에셀을 금융자본주의가 지배하는 시대에 다시 사르트르 이래의 앙가주망의 무대에 오르게 만든 배경일 것이다. 언제든 화를 낼 준비가 되어 있다는 그 나라에서 '분노하라'라는 제목을 단 소책자가 300만 가까운 독자의 호응을 얻게 되었으니 말이다.

한국 사회는, 이와 비교하자면, 애초부터 '이'를 드러내면 안 되는 사회였다. 이 말의 의미를 지금의 젊은 세대는 어떻게 받아들일지 모르겠다. 1960년대와 1970년대의 오래전 사진과 영상기록물 속에는 추수하는 논두렁에서 흰 이빨을 드러내며 웃고 있는 한 남자의 사진이 심심찮게 남아 있을 것이다. 남자의 머리카락과 여자의 치마 길이가 처벌의 대상이 되던 나의 젊은 시절에 그렇게 대놓고 웃을 수 있는 사람은 독재자 박정희뿐이었다. 혹은 그 옆에서 따라 웃거나.

'세상 앞에 함부로 나서지 말라!' 학교와 회사가 모두 병영의 질서로 구조화되어 있고 명령이 지배하는 시대에, 웃음은 말할 것도 없고, 분노는 감추어지거나 더 바람직하게는 삭제되어야 할 인간의 감정이었다. 이런 한국 사회도 많이 달라졌다. 이것 역시 질서와 명령(영어, 프랑스어, 독일어 모두에서 사용하는 'order'는 질서와 명령, 이 두 가지 의미를 함께 갖고 있다)을 뚫고서 폭발한 분노(항쟁으로 나타난) 덕택임은 물론이다.

이제 사람들은 마음 놓고 웃을 수 있을 뿐 아니라 필요 이상으로 웃는다. 우리들이 수시로 드러내는 분노는 사회적 분노라기보다는 일종의 스트레스성 질환에서 비롯된 히스테리에 가까워 보인다. 여기에는 분명 어색함이 자리 잡고 있고, 이 어색함의 정도와 오늘 한국 사회에서 우리가 겪고 있는 인간적·사회적 불행 사이엔 연관이 있다고 믿는 것이다. 대체 그것이 무엇일까?

반공주의와 안보의 가치가 지배하던 군사독재가 역사의 뒤편으로 사라진 뒤에도 한국 사회에선 그것으로 떠받치고 있던 체제의 모순이 제대로 숙고되거나 비판받아 본 적이 없다. 우리는 분명 자본주의 사회에 살고 있는데 한국의 초·중·고 어떤 교육과정도 자본주의에 대해 가르치지 않는다. 오히려 자본주의에 대해 공부하겠다고 모이면 국가보안법에 의해 처벌당하기 일쑤다. 이러니 자본주의와 다른 사회나 체제를 상상할 수 있는 능력은 길러질 리 만무하다.

우리에게 찾아온 자유의 성격과 한계를 가늠하기도 전에 우리는 이전보다 더 촘촘하고 더 냉혹한 자본의 질서와 이 자본의 보이지 않는 명령에 포섭되고 편입되어 버렸다는 것, 이것이 내가 알고 있는 한국 사회 구성원인 우리의 비극이다.

누구든 두려움 없이 자유를 말하지만 '자유의 사회적 조건'은 이야기되지 않는 사회. 누구든 직업선택의 자유를 포함하여 모든 자유를 누릴 수 있다고 말하지만 동시에 하루아침에 일자리를 박탈당해도 그 또한 다른 누구의 책임이 아닌 자기 자신의 책임이 되는 사회. 누구도 일하라고 강요하진 않지만 누구나 일할 수 있는 자유는 보장되지 않는 사회. 누구나, 매일 같이, "부자 되세요!"라는 권유를 받지만 그 부자가 되는 길은 요행이거나 극히 소수라는 것이 점점 분명해지는 사회. 그럼에도 실업과 가난이 새로운 신분의 족쇄가 되고 종국에는 삶의 경계 밖으로 밀려나는 길이라는 걸 알기 때문에 그 무망한 권유에 더 간절히 매달리는 사회. 그래서 경쟁의 압박을 견디지 못하고 한 해에도 허다한 수의 대학생들이 스스로 목숨을 끊는 사회. 심지어 전교

생을 '알짜'(1~50등)와 '예비'(51~100등)와 '잉여'(101등 이하)로 구분한 고등학교가 있다는 사실이 기사로 실려도 그 학교가 제재를 당했다는 보도를 접할 수 없는 사회.

사람의 관심은 누구나 자신의 몸이 놓이는 자리에 집중되기 마련이다. 그것이 인간으로서의 존엄을 지니며 살 수 있는지를 가늠하는 기준이 되는 까닭에, 그로 인한 불안이 자신을 지배할 때 사람들은 그 속에 갇히고 만다. 자유와 존엄의 조건을 보장해 주지 못하는 체제에 분노하기도 전에 우리는 새로운 자본의 질서에 의해 분노를 스스로 거세당해 버린 것이다. 분노도 수입해야 되냐고? 한국 사회에 한 번도 알려지지 않았던 94세의 프랑스 노(老) 지식인의 책 『분노하라』를 우리는 그렇게 만난 것이다.

2.

지난 10월 초, 오랜만에, 헤아려 보니 4년 2개월 만에 파리에 다녀왔었다. 예년의 10월 날씨답지 않게 며칠이고 파리의 가을 하늘은 푸르렀다. 거리를 걸으며 내가 이곳에서 한때는 택시운전사였던가, 하고 자문해 보았다. 길은 알아도 머릿속에서 떠오르지 않는 거리의 이름이 많았다. 내가 이곳에서 한국으로 돌아가기 여러 해 전인 1995년,

파리의 거리를 휩쓸었던 '불만의 겨울'을 기억하려 애써 보았다. 연금개악법안에 반대하는 공공부문 총파업으로 지하철을 비롯한 대중교통수단들이 멈추고 승용차와 시위군중들로 북적대는 이 거리를 따라 걷다 집으로 돌아가곤 했었다.

이제는 제법 낯설어진 카페와 거리 풍경들. 우파 사르코지 정권에서 올란드의 사회당 정권으로 바뀐 딱 그만큼의 변화라도 찾을 수 있을지 무망하게 두리번거리는 나의 모습은 여지없이 이방인의 그것일 터. 생각해 보면 현실사회주의가 붕괴하고 자본주의의 미래가 온통 상밋빛으로 그려지던 때로부터 그 낙관이 경제적 공포로 사람들을 엄습하기 시작하던 시간들을 나는 이곳에서 지냈던 셈이다. 고삐 풀린 자본주의가 무한경쟁의 글로벌 자본주의로 세상을 변모시키는 동안 프랑스 사회도 열심히 신자유주의적 경쟁질서에 적응하려 애썼을 것이다. 그럴수록 일자리는 축소되어 가고, 통계의 수치에서도 감추어진 배제된 '잉여'의 존재들이 도시의 변두리를 가득 채워 갔을 터이고.

한때는 앙가주망의 전통에 대한 자부심이 강하고 노동자들의 파업을 인간의 정당한 권리로 지켜보던 프랑스인들이 자기 사회를 내부로부터 침식시키는 민주주의의 위기에 어떻게 대응해 갔는지 나는 자세히 알지 못한다. 2008년 미국의 금융붕괴에 이어 시작된 유럽 경제위기의 여파는 이미 이곳에도 그늘을 드리워 퇴근길의 거리는 이전과 달리 정체되지 않았다. 리터당 2,300원이 넘는 비싼 휘발유 값 탓에 차 대신 대중교통들을 이용하는 때문이었다. 눈여겨보면 문을 닫은

가게들도 심심찮게 눈에 띄었고. 말없이 집으로 돌아가는 사람들 속을 옷깃을 세우고 걸으며 나는 물었다. 내가 스쳐 가는 풍경의 이면에 인간의 고통은 어디에 틀어박혀 있는가? 공포는 어디로 지나가는가? 눈물은 어디에서 흐르고 있는가? 비명은? 외침은? 절규는?

무슨 인연 탓인지, 스테판 에셀의 또 다른 책의 추천사를 써 달라는 부탁을 나는 파리에서 접했다. '행동하라'라는 한국어 부제가 포함된 이 책의 원제는 '지구상의 분노한 사람들에게'이다. 「르몽드」가 "전달의 몸짓"이라 표현했듯이, 그의 이번 책 역시 『분노하라』와 마찬가지로 물신 권력이 지배하는 세계에서 고통 받으며 불안에 의해 공감과 연대의 정신을 회수당하고 파편화되어 가는 인간의 비참에 대한 경고이자 호소이다. 이제는 해를 넘겨 95세가 된 노(老) 투사에게 자신의 책이 베스트셀러가 되는 것이, 또는 명망이 얼마만큼의 무게와 가치를 지니는 것일까?

그는 자신의 책이 단지 한 권의 독서의 대상이 아니라 사람들로 하여금 '분노'와 '행동'으로 나아가게 한 것에 대해 다시 응답하기 위해 이 책을 출간하게 되었으리라. 마치 자신의 삶에 대해 말하듯, "인류는 더 이상 잃어버릴 시간이 없다"고 이야기하며 자신의 열정과 책임을 다하고 있는 것이다. 그는 말한다. "지금은 철학을 논할 때가 아니라 인류학을 논할 때"라고. '정의란 무엇인가'를 논하는 것은 물론 의미가 없지 않다. 하지만 정의를 실어 나르는 그릇인 분노가 없다면 그 정의란 대체 인간에게 무엇인가? '어떻게 살 것인가?'라는 윤리적 질문에 이르지 못하는 학문은 대체?

그러므로 나는 스테판 에셀의 독자가 될 여러분들에게 당부 드린다. 글로 이루어진 그의 이야기들을 반드시 그가 거쳐 온 생의 윤리적 결단의 시간들과 더불어 숙고해 달라고. 사실 그가 한 주장들은 어쩌면 그만이 할 수 있는 것은 아니다. 심지어 그가 신랄한 비판의 대상으로 삼고 있는 '1퍼센트'의 부자들조차도 할 수 있다. 빈부의 격차가 줄어들어야 하고 지구환경의 파국을 막아야 한다는 등등. 그러나 바로 그것을 기저오는 사회적 구조와 자신을 결부시키지 않고 스스로 어떻게 살 것인가를 묻고 스스로의 삶을 변화시키지 않는다면, 그러한 이야기들이 어떤 의미를 지닐 수 있겠는가? 그러한 물음 앞에 자신을 끊임없이 세워 온 인간의 실천이 존중받지 않는다면 대체 누가 그러한 삶을 살아가려 하겠는가?

한 인간이 거의 100년을 살았다. 그저 생존한 것이 아니라, 다른 인간을 향해 "공감하라! 행동하라! 세상을 바꿔라!"라고 호소할 수 있다는 것! 나는 스테판 에셀의 생애와 정신이 하나의 기적이라고, 인류에게 주어진 마지막 선물이라고 생각한다. 이 책에서 한 저널리스트가 그에게 질문을 던진다. "매일 아침 세계의 모든 일에 끼어들어, 때로는 아주 선동적인 입장을 취하도록 당신을 몰아가는 원동력은?" 그는 '인간의 마음'이 지닌 중요성으로 답한다. "인간은 나비로 변신할 수 있는 애벌레와 비슷하다. 분노하지 않는 한 완전한 인간이 아니다"라는 에드가 모랭의 비유를 인용하면서. 우리는 이 세계가 변하기를 바라는가? 그렇다면 우리의 얼굴에서 공허한 웃음을 지우고, 우리를 옥죄어 온 불안을 던지고 분노한 얼굴로 세상을 되돌아보아야 한다. 그리고 스테판 에셀의 다음과 같은 말을 언제나 기억할 일이다.

"자신의 삶을 바꾸어야 한다. 무엇 때문에 분노하는가? 아직 우리 자신의 삶을 바꾸지 않았기 때문이다."

| 신자유주의 – 1%의 자유, 99%의 고통 |

신자유주의에 대한 스테판 에셀의 문제의식을 반영하여, 한국어판에 신자유주의 고발 사진들을 실었습니다. 아래는 이상엽 작가가 직접 보내 온 사진 설명입니다.

신자유주의❶(20~21쪽) 광우병 파동은 신자유주의와 한미 자유무역협정(FTA)을 상징한다. 불공정한 무역에 더해진 국민보건의 문제는 국민적 분노와 저항으로 이어졌다. 서울 광화문, 2008. ⓒ 정택용

신자유주의❷(32~33쪽) 금융자본의 횡포에 맞서 뉴욕의 월가에서 시작된 오큐파이(Occupy) 운동이 한국에까지 이어졌다. '1% 대 99%'라는 구호가 상징하듯, 신자유주의는 급속하게 빈민층을 양산하고 있다. 서울 대한문 앞, 2011. ⓒ 이상엽

신자유주의❸(52~53쪽) 국가 간 대표적인 불공정 협정으로 기록될 한미 FTA를 반대하는 군중들. 하지만 결국 국가에 의한 일방적 체결이 이루어졌다. 그 대가는 고스란히 국민이 떠안아야 한다. 서울시청 앞, 2011. ⓒ 이상엽

신자유주의❹(72~73쪽) 점령운동의 핵심은 점거를 통해 고삐 풀린 자본을 통제하는 데 있다. 하지만 이 운동의 최종목표가 무엇인가에 대해서는 많은 이들이 생각을 달리한다. 인간의 얼굴을 한 자본주의인가? 아니면 새로운 사회주의인가? 서울 대한문 앞, 2011. ⓒ 이상엽

신자유주의❺(80~81쪽) '노동의 유연화'는 대규모의 비정규직을 양산했다. 구로공단에 위치한 기륭전자에선 부당노동행위와 대량해고로 수많은 노동자들이 고통받았다. 그사이 공장은 다른 곳으로 철수하고 빈 공터만 남았다. 서울 구로공단, 2010. ⓒ 이상엽

신자유주의❻(90~91쪽) 한국의 대학생들은 고액의 등록금과 졸업 후 취업난이라는 문제에 이중으로 고통받는다. 그들의 부모 역시 학비 부담으로 인해 재생산의 기회를 잃고 있다. 사회문제를 풀어 갈 정책의 부재다. 서울시청 앞, 2012 ⓒ 이상엽

신자유주의❼(102~103쪽) 신자유주의는 노동의 국경을 무너뜨렸다. 노동력은 싼 곳에서 비싼 곳으로 흘러간다. 하지만 싼 노동력은 늘 싼 노동력으로만 취급받는다. 서울 명동성당 앞, 2000. ⓒ 이상엽

신자유주의❽(110~111쪽) 두 차례에 걸친 쌍용자동차 해외매각 과정에서 살인적인 해고가 자행되었다. 여기에 국가폭력까지 개입해 심각한 사회문제를 일으키고 있다. 몇 년째 풀리지 않고 있는 대한민국의 숙제다. 서울 대한문 앞, 2012 ⓒ 이상엽

신자유주의❾(122~123쪽) '파리의 택시운전사' 홍세화 씨가 용산 철거민 사망 문제를 해결하라고 총리공관 앞에서 일인시위를 하고 있다. 용산참사는 아직도 진행 중인 도심 재개발과 국가폭력의 문제다. 서울 삼청동 총리공관 앞, 2009. ⓒ 이상엽

신자유주의❿(156~157쪽) 타워크레인에서 장기간 농성을 벌였던 김진숙 민주노총 지도위원을 응원하기 위해 전국에서 '희망버스'를 타고 온 사람들. 결국 노자 간의 합의를 이루긴 했지만 이후 한진중공업은 자본을 해외로 철수하고 있다. 부산 영도 한진중공업, 2011. ⓒ 정택용